L'ARCHE

SAINT PIERRE

(1er Epitre)

Soyez soumis, comme des hommes libres; — laïques, soyez soumis aux prêtres; tous, à l'égard les uns des autres, revêtez-vous d'humilité, car « Dieu résiste aux orgueilleux et donne sa grâce aux humbles. »

Approchez-vous du Seigneur, pierre vivante, rejetée des hommes il est vrai, mais douée et précieuse devant Dieu, et, comme des pierres vivantes, prenez vous-même un édifice… un temple spirituel…

Que chacun mette le don qu'il a reçu au service des autres, comme à tous dispensateurs, à la grâce de Dieu, laquelle est variée dans ses dons.

— 1 —

SAINT PAUL AUX ROMAINS

Et ne vous conformez pas au siècle présent, mais transformez-vous par le renouvellement de votre esprit, afin que vous éprouviez ce qu'est la volonté de Dieu, combien elle est bonne, agréable, parfaite.

Je dis à chacun de vous de n'avoir pas de lui-même une trop haute opinion, mais d'avoir des sentiments modestes.

Car de même que nous avons plusieurs membres dans un seul corps et que tous les membres n'ont pas la même fonction, aussi nous qui sommes plusieurs, nous ne faisons qu'un seul corps en Jésus-Christ, et chacun en particulier nous sommes membres les uns des autres.

Quant à l'amour fraternel, soyez pleins d'affection les uns pour les autres,... quant à l'honneur, prévenez-vous mutuellement...

N'aspirez pas à ce qui est élevé, mais laissez vous attirer par ce qui est humble. — Ne soyez point sages à vos propres yeux. — Ne rendez à personne le mal pour le mal, appliquez vous à faire ce qui est bien devant tous les hommes.

S'il est possible, autant qu'il dépend de vous, soyez en paix avec tous.

Le Président de la Société de Saint-Jean à ses confrères de l' « Arche »

 u mois de juin dernier, la Société de Saint-Jean, réunie dans une salle de l'Institut Catholique, a appris avec une vive satisfaction qu'un certain nombre d'artistes, membres de la Société, avait projeté de s'unir, pour former ensemble un groupe de travail.

Le groupe avait choisi ce nom charmant, symbole d'union, de confiance et de paix : l'Arche.

Le projet a reçu son exécution. Nos confrères nous annoncent le commencement de leurs travaux, et cela de la façon la meilleure, en nous en faisant voir les premiers résultats. Où pouvaient-ils mieux les montrer que dans notre Revue (1), celle qu'une heureuse entente a fait nôtre, et où une large hospitalité leur était tout naturellement assurée ?

En tête donc du beau numéro spécial de La Vie et les Arts liturgiques, — Notes d'Art et d'Archéologie, — je souhaite la bienvenue à l'Arche, — au nom de la Société de Saint-Jean.

Voir se former des groupes de travail, est un des vœux les plus anciens de la Société de Saint-Jean. C'était le vœu de ses fondateurs, et même de ses ancêtres, en remontant jusqu'aux jours des disciples du Père Lacordaire. Nous sommes heureux de voir ce vœu devenir une réalité.

Quelques artistes catholiques, travaillant selon une doctrine d'art semblable, peuvent obtenir de grands résultats.

(1) *La Vie et les Arts liturgiques* du 25 octobre 1918.

Ils peuvent concerter une production régulière d'œuvres d'art religieux et commencer ainsi à répondre à une demande qui devient de plus en plus générale et pressante.

Je crois même pouvoir dire qu'un pareil résultat ne peut être obtenu autrement que par l'organisation de groupes de travail.

Je voudrais que l'exemple de l'*Arche* fût suivi, et que d'autres groupes de travail vinssent à se former parmi nos confrères de la Société de Saint-Jean. Chacun de ces groupes travaillerait selon sa conception d'art et son goût, — tous en une chaude émulation artistique et une douce fraternité chrétienne.

Un effort comme celui qui s'affirme aujourd'hui ne saurait recevoir de la Société une approbation trop chaleureuse, car elle y voit le développement certain de son principe.

A ce groupe, comme à tout autre, elle peut et doit donner le plus utile appui, tout d'abord la publicité de sa revue, pour l'exposé de la doctrine, la reproduction des œuvres.

Elle l'attend ensuite au jour, que j'espère prochain, où elle pourra organiser une grande Exposition d'Art religieux. Les futures Expositions d'Art décoratif liturgique ne pourront avoir leur véritable valeur que par l'intervention d'artistes groupés, exposant des *ensembles*.

Et à présent, que l'*Arche* reçoive nos vœux : qu'elle vogue sur les grosses eaux. Que les rameurs soient forts et le vent favorable.

Une époque vient, où nous aurons plus que jamais besoin de « prier dans la beauté », puisqu'après les sombres nuits des *De profundis* et des *Miserere*, nous voyons se lever le jour des *Te Deum* et des *Veni Creator* !

HENRY COCHIN,
Président de la Société de Saint-Jean.

POUR L'ARCHE

n demandait à un ecclésiastique français, de retour de Rome, ce qu'il pensait des églises d'Italie. « Il n'y a, dit-il, dans ces églises que des objets d'art, et pas un objet religieux. » C'étaient des musées pour lui. Il était déçu. Dans son esprit, l'objet religieux s'opposait à l'objet d'art, excluait l'objet d'art, comme cela existe en effet de nos jours pour le plus grand dommage de l'Art et de la Religion. On voit dans les expositions universelles des sections spéciales d'art religieux, sortes de musées des horreurs dont l'organisation est purement industrielle et n'a rien de commun avec les Beaux-Arts. Ceux qui y exposent, qui y obtiennent des médailles, ne seraient même pas admis dans les sections d'Art tout court. Ces honteux bazars s'adressent à la clientèle pieuse ; la marchandise qu'ils débitent est bien assez bonne pour l'église. C'est ainsi. Les catholiques acceptent cette situation humiliante : les Beaux-Arts sont pour le monde, et l'objet religieux est pour Dieu.

Or, à quels signes distingue-t-on l'objet religieux de l'objet d'art ? Quelles sont ses caractéristiques ?

1° A ceci d'abord, que l'objet religieux est un produit industriel, fabriqué dans un but mercantile, en séries, tandis que l'objet d'art est l'œuvre unique d'un artiste ou d'un artisan.

2° L'objet reli_.eux est à destinations quelconques et multiples ; confectionné à l'avance, il s'applique à tous les cas particuliers sans s'adapter à aucun. L'objet d'art ou, disons mieux, l'œuvre d'art a pour caractère essentiel de convenir, d'être à la mesure et à l'échelle, en un mot d'être fait exprès pour une destination, pour un endroit déterminé.

3° L'objet religieux est du simili, il ne vise qu'à tromper. Faux gothique ou faux marbre ou faux or, il « fait la blague », comme on dit dans les ateliers, du style qu'il pastiche, de la matière riche qu'il simule, de l'art qu'il singe et qu'il avilit. L'objet religieux est de la camelote et du mensonge.

4° Enfin, l'objet religieux, truquage archéologique, est aussi un truquage quant à l'expression du fait ou du sentiment religieux ; il est poncif, romance et mélodrame : il donne à la religion une couleur terne, un je ne sais quoi de vieillot et d'ennuyeux. L'œuvre d'art au contraire, qui incessamment se renouvelle parce qu'elle est l'expression de la vie, apporte au service de Dieu des puissances d'émotion et de lyrisme, toujours neuves et toujours actives.

Constater le mal est facile. Il n'y a plus aucun mérite à le signaler. Les invectives de Huysmans ont ouvert les yeux d'un grand nombre de catholiques, pourtant habitués aux pires laideurs ; elles ont commencé de secouer l'indifférence et les préjugés, et d'ébranler le règne de la « bondieuserie ».

C'est bien de discerner les causes de décadence et d'infériorité ; c'est mieux encore de travailler à y porter remède, comme le fait le groupe de *l'Arche* que j'ai l'honneur de présenter au public.

Quels sont les principes, les directions du groupe de l'Arche ?

Et d'abord, comment le jugerons-nous ? Les œuvres et les manifestations qu'il a faites sont jusqu'ici peu nombreuses. Et cependant, comme l'a dit André Gide, nous vivons pour manifester. Heureusement qu'à travers le voile léger de l'anonymat, j'aperçois des artistes comme Mlle V. Reyre, des décorateurs comme Lanel et Mlle Sabine Desvallières, des architectes comme Brissart, Droz et Storez, qui ont fait déjà leurs preuves, dont j'apprécie l'esthétique, les œuvres, et le caractère.

Je sais donc que pour les artistes de l'Arche, le premier point est que l'objet religieux doit être un objet d'art. Tout en tenant compte des nécessités matérielles et industrielles de notre temps, tout en visant à l'économie, ils entendent réagir contre l'avilissement de ce qui doit, sortant de la main de l'homme, contribuer à orner la maison de Dieu.

Etant artistes, ils ont compris la noblesse du labeur humain, de l'effort manuel qui réalise et manifeste la pensée. C'est la loyauté et la bonhomie du métier qui fait le charme des plus humb'es objets qu'on découvre dans les vieilles églises de campagne : de la stalle grossièrement sculptée, de la statue paysanne, chef-d'œuvre du menuisier de village, comme aussi de l'image pieuse qu'une bonne Sœur, à la pointe de ses ciseaux, a serti d'une fine dentelle de papier. L'essentiel pour la broderie, l'orfèvrerie, la peinture, la statuaire, c'est d'être faite avec amour. Rien ne donne plus de qualité ni plus de vie à la pensée, même anonyme et collective, que le frémissement, dans l'œuvre exécutée, d'une volonté, d'une sensibilité individuelle.

Sur le second point, constatons que l'Arche, au rebours

des marchands du quartier Saint-Sulpice, éprouve de la difficulté à établir un catalogue. C'est que l'Arche ne travaille que sur mesure ; elle ne tient pas la « confection ». Elle veut habiller les églises d'ornements faits pour elle, à leur taille et de leur style, autant que possible sous la direction du maître de l'œuvre, de l'architecte. Il faut ici une double discipline : celle des artistes entre eux, et celle du clergé et du public religieux vis-à-vis des artistes. Les détails et les individus se doivent subordonner à l'idée d'ensemble, à l'idée directrice. Il ne faut pas sacrifier l'ordonnance d'une décoration à la fantaisie d'un donateur, ou à la fantaisie d'un artiste. Ni la fortune, ni même le talent ne confèrent à personne le droit d'introduire le désordre dans l'église. Que celui qui œuvre ou celui qui offre se soumette au plan établi.

L'objet religieux, disais-je encore, est de la camelote et du mensonge. L'Arche se refusera donc à toute espèce de truquage et de faux. En peinture elle fuira résolument le trompe-l'œil, malgré les magnifiques exemples qu'en a donnés depuis la Renaissance un art empreint de paganisme. Dans le domaine des autres arts elle aura le respect scrupuleux de la véracité et de l'honnêteté des matières. Elle n'admettra aucune tricherie. Rien de ce qui trompe, rien de ce qui ment ne doit avoir sa place dans le temple de vérité. Considérer la décoration d'une église comme celle d'un salon de théâtre et n'y chercher qu'un éclat trompeur et l'illusion du luxe, c'est un sacrilège ou tout au moins une inconvenance. Il serait si simple de mettre sur l'autel des candélabres de bois, quand on ne peut pas en avoir d'or ! Une humble matière, mais qui est belle et vraie, n'est-elle pas plus digne de la majesté du Sacrifice que le clinquant des fausses dorures ?

J'arrive à mon quatrième point. Il s'agit d'être sincère et vrai aussi dans l'expression du sentiment religieux. Artistes chrétiens, nous ne jouons pas une comédie. Notre but est d'exprimer dans un beau langage notre foi, et non pas de fabriquer des objets de commerce dans le genre de la rue Saint-Sulpice. Les misérables poncifs auxquels le public est habitué sont autant de masques, qui dissimulent l'indigence de la pensée et l'absence d'émotion. Nous méprisons les trop faciles artifices qui permettent de transformer en un sujet sacré n'importe quelle composition froide. Nous n'avons pas à tenir compte des préjugés en faveur, ni des traditions faussées. Qu'importe que certaines formes gothiques, la fadeur, les gestes nous soient actuellement inséparables de l'idée de piété ! Le dogme et la liturgie sont au-dessus des modes passagères et suffisent à guider l'artiste. Qu'il consulte les anciens, mais qu'il évite de transporter telles quelles leurs formules, leurs imaginations dans son œuvre. C'est encore là une forme de dilettantisme et d'insincérité. La foi personnelle de l'artiste et, pour être plus précis, son expérience religieuse, a le pouvoir d'informer son imagination, de l'exalter, de la renouveler et de lui arracher des inventions qui touchent l'âme comme des cris du cœur.

C'est donc en définitive dans les convictions solides et éclairées, aussi bien que dans le talent personnel des membres du nouveau groupe, que je place mon espoir. Respectueux des arts du passé, qu'ils connaissent et qu'ils aiment, où ils ont discerné et compris les enseignements de la raison, les exemples du goût, les règles des métiers, enfin tout ce qui constitue la tradition vivante, je les crois capables de trouver en eux-mêmes, en toute liberté, l'expression neuve des vérités éternelles qui sont l'incomparable matière de l'Art chrétien. L'essentiel est qu'ils restent d'accord sur les quelques principes directeurs que je viens d'exposer. Leur liberté à ce prix sera quelque chose d'analogue à la « sainte liberté des enfants de Dieu ».

J'attends de cette jeune corporation la preuve qu'un artiste ne perd rien du meilleur de lui-même quand il se discipline et se subordonne. Au contraire, le sentiment, le goût, l'esprit d'initiative, la force créatrice, s'exaltent dans un milieu organisé. Il appartient aux catholiques, au clergé surtout, de favoriser cette expérience.

« L'art, disait mon saint ami l'abbé Marraud, tué sur le front d'Argonne, l'art n'est pas seulement un admirable instrument d'ascétisme, c'est encore un moyen d'apostolat social... Nous seuls, prêtres et fidèles de Jésus-Christ, pouvons refaire de l'art une communion entre les hommes. Beaucoup d'esprits l'ont compris et reprochent déjà à l'Église de manquer à un rôle qu'elle seule, ils le sentent, peut remplir... »

L'indifférence, en matière d'art religieux, est une erreur qui n'a que trop duré.

Maurice Denis.

LES ARTS
AU SERVICE DE LA LITVRGIE

es psaumes sont de toutes les prières, que le chrétien récite, les plus belles et les plus autorisées. L'art de prier n'a rien de supérieur. Fréquemment les créatures de la terre et du ciel y sont invitées à la louange divine. Les trois qui terminent le recueil le font avec une insistance entraînante. C'est pour ce motif que l'Eglise leur accorde en sa liturgie une place de choix ; elle les chante à Dieu tous les matins au moment où le soleil se dispose à inonder de lumière et de vie l'univers et ce qu'il renferme. Elle se dispose par ces hymnes à acclamer dans le *Benedictus* la Sagesse éternelle, le Verbe du Père, la Lumière qui éclaire *Oriens ex alto*, et l'astre, foyer de la lumière créée, et le Fils de Dieu, source de toute vérité.

L'Eglise associe de nouveau les créatures à son action de grâces, quand elle fait dire par le prêtre, sa messe finie, le Cantique des trois enfants dans la fournaise, *Benedicite omnia opera Domini Domino*. Elle anime ainsi de ses pensées et de ses sentiments les œuvres de Dieu, qui reçoivent d'elle vie et parole. L'univers se mue en un temple où l'Eglise ne cesse de bénir son Créateur au nom de toutes les œuvres sorties de ses mains. Ce besoin de louer Dieu en union avec tout ce qui dans la nature en est capable la pousse à faire de ses temples une image de l'univers. Mais il lui faut pour réaliser ce dessein le concours de ses artistes.

L'artiste va d'instinct aux beautés créées, il les contemple et il les admire, il les saisit, il les pénètre, et il se les assimile. Ces êtres beaux, élaborés en images, passent dans la vie de son esprit et de son cœur ; ils prennent quelque chose d'humain. L'artiste, s'il a la foi vive, monte de ces êtres visibles à la connaissance et à l'amour des réalités supérieures qu'il ne peut voir de ses yeux corporels ; la lumière surnaturelle qui les traverse les illumine encore. Ce rayonnement émeut l'artiste, qui l'extériorise et le fixe en une œuvre personnelle avec l'aide de sa voix ou de ses mains. L'Eglise peuple ses temples de ces créations humaines pour les associer aux rites de son sacrifice et aux mélodies de ses psaumes.

Les peintres participèrent les premiers à l'oblation de l'Eucharistie en décorant de peintures symboliques les galeries de catacombes. Les architectes vinrent ensuite au quatrième siècle élever de somptueuses basiliques ; du fond de l'abside, l'image du Rédempteur dominait l'assemblée des fidèles ; des orfèvres façonnèrent des vases sacrés et des lampes. Ces églises du Christ, dès lors, n'eurent rien à envier aux temples grecs ou romains, que les dieux vaincus laissaient vides,

La tradition artistique, qui prit naissance dans les chrétientés vénérables de Rome, d'Alexandrie, d'Antioche, de Jérusalem, de Tyr, de Carthage, gagna peu à peu l'Orient et l'Occident. Les œuvres qu'elle produisit en pleine civilisation romaine et byzantine attestent sa fécondité puissante. Plus tard, les églises romanes et ogivales de notre Moyen

Age demandèrent la collaboration d'artistes plus nombreux.
La louange divine ne trouva jamais au milieu des hommes
de théâtres comparables. La pierre, le fer, le cuivre, l'or, la
soie, les couleurs et les lignes des verrières, des émaux, des
peintures parurent s'animer sous l'influence d'un même
enthousiasme religieux. On se serait cru, sous les voûtes de
ces monuments, en un coin du paradis terrestre.

Comme cet art de notre Moyen Age occidental ressemble
peu à celui de la Rome impériale et de Byzance ! Il est tout
aussi distant de celui auquel prirent goût les artistes de la
Renaissance et leurs héritiers. Et l'extraordinaire variété que
manifestent des œuvres contemporaines en Italie, en Espagne,
en France, en Angleterre, en Allemagne, témoigne mieux
encore de la liberté reconnue partout aux artistes. Cependant cette diversité ne brise point l'unité de la tradition.

Mais un temps vint où les arts finirent par se laïciser
comme les sociétés elles-mêmes. C'est alors que le profane
envahit le sanctuaire. L'art religieux, qui bénéficia de
moyens d'exécution plus parfaits, eut une inspiration moins
pure. La décadence ne se fit pas attendre. L'art passa par
les mêmes vicissitudes que la liturgie. La louange divine
s'éteignait église par église dans des sociétés que glaçaient
les engourdissements de l'indifférence religieuse. Ceux qui
avaient mission de la continuer le faisaient trop souvent
avec une indigence pénible d'art et de vie au milieu d'hommes qui ne comprenaient plus. Les exercices pieux et per-
sonnels des individus, en qui brûlait la flamme de charité,
ne pouvaient prétendre aux effets puissants de la prière officielle des sociétés qui croient.

La prière des sociétés chrétiennes, la liturgie, réclame le
concours des arts pour atteindre sa perfection ; en échange,

elle les anime, elle les élève, elle les soutient. Mais, pour qu'il en soit ainsi, la liturgie doit être suivie et comprise par les artistes et par ceux que leur œuvre intéresse. Produite sans la participation de l'intelligence et du cœur, elle ne saurait être vivante et vécue. Et que peuvent en tirer les artistes, le jour où l'ignorance ou la mauvaise volonté des gens la réduisent à la condition des choses mortes.

La liturgie comprise, aimée, fit longtemps vivre et vibrer l'âme des artistes. Le feu, conservé dans les textes, les mélodies et les cérémonies, alluma leur esprit, qui entrait aussitôt en communion avec la louange divine. Ils se formaient ainsi de loin aux grandes et belles œuvres, qui remplissaient, sans les encombrer, les basiliques romaines ou byzantines et les églises cathédrales ou monastiques de notre Moyen Age. Le mobilier et la parure provenaient de la même inspiration que le monument. Cette inspiration portait avec elle une discipline ferme qui prenait tout l'artiste.

Cette inspiration unique et forte n'excluait pas cependant les originalités ; elle s'accomodait bien des libertés personnelles de l'artiste. Aucune de ses facultés n'était perdue ; mais son œuvre gardait les traces de son époque, de son pays, de son milieu. Il suffit pour le constater d'ouvrir les yeux devant les merveilles que renferment nos églises et nos musées. Je me demande si les artistes usèrent jamais de libertés comparables. On ne les contraignait pas à séjourner dans un moule ; l'imitation ne leur était pas prescrite, comme la condition essentielle de l'art religieux. Cependant l'anarchie individualiste leur causait une horreur instinctive. L'unité des pensées chrétiennes les retenait assez sous sa discipline pour qu'il fût inutile de la renforcer au moyen de procédés tyranniques.

Ce sens et ce respect de la liberté tombèrent avec les vertus et les coutumes qui garantissaient la vie chrétienne et
son efflorescence liturgique dans les sociétés. La source de
l'inspiration sembla perdre de sa fécondité. La tradition se
dispersa ; elle était sans courant que l'on eût à suivre.
L'artiste, fidèle à sa foi et à ses pratiques religieuses,
éprouva des scrupules ; moins sûr de lui-même, il se mit à
craindre. Son entourage, que rien ne guidait, eut peur de
tout. Que devenir en un milieu pareil ? Cette timidité,
cette peur étaient le symptôme d'une faiblesse alarmante.
Les chrétiens ne se croyaient pas capables de résister à l'invasion d'un profane honteux. C'est donc un sentiment fait
de respect et de débilité qui les condamnait à l'imitation.

Voilà des années que cela dure. Beaucoup s'en sont
plaints, et leurs récriminations continuent. Mais une réaction critique ne peut suffire ; il faut qu'elle passe dans les
œuvres. Les artistes n'ont pas attendu l'année 1918 pour
s'en rendre compte ; des églises et des travaux d'importance
variée attestent l'utilité et la sagesse de leurs efforts. Les
a-t-on compris suffisamment ? Leur a-t-on fait crédit de
la confiance qu'ils méritaient ? Je ne voudrais pas le dire.

Une jeune société qui a pris l'Arche pour enseigne, se
met bravement à l'œuvre. Ses fondateurs n'ont aucune
ambition directrice. Ils sont ce qu'ils sont, et ils se montrent
tels. Ils veulent ce qu'ils pensent, et leur pensée les situe
dans le courant de notre tradition artistique et religieuse.
Comme leurs devanciers des âges chrétiens, ils aspirent à
louer le Seigneur avec les œuvres de leurs mains. Leur
initiative est bonne, généreuse. Pourquoi ne réussirait-elle
point ?

Devant les ruines et la désorganisation opérées par la guerre et par les erreurs pratiques qui l'ont rendue inévitable, les plans poussent dans les imaginations, comme les feuilles sur les arbres au printemps. Le romantisme de notre vingtième siècle se donne libre carrière. Que de déceptions l'après-guerre tient en réserve pour ses victimes ! Il arrivera demain ce qui advient en pareil cas, l'imprévu. Heureux les audacieux qui auront eu la prudence de se mettre au point où cet imprévu entraînera les bonnes volontés prêtes à le saisir ! La Providence ne réserve-t-elle pas à l'*Arche* un de ces tours de main qui valent la meilleure des fortunes ? Je ne soulèverai pas le voile qui cache cet avenir.

Dans l'*Arche*, rameurs et passagers deviennent peut-être rêveurs, en se disant les uns aux autres cette observation faite par Proudhon : « Il n'y a plus d'art chrétien possible, parce qu'il n'y a plus de société chrétienne. » Ce n'est que trop vrai. Ce fait brutal ne va-t-il pas arrêter l'essor de l'*Arche*, comme ferait pour un bateau une brume épaisse, glaciale, obstinée ? Il faut envisager cette difficulté pour la résoudre.

L'art chrétien ne peut prospérer qu'en société chrétienne. Peut-on s'attendre à voir bientôt la grande société, qu'est la patrie, redevenue chrétienne, comme elle le fut jadis ? Il serait téméraire de trop y compter. Mais l'art saura se contenter de la vie chrétienne au sein d'une société de familles aux proportions moindres. Or les éléments de telles sociétés existent dans notre France de 1918. Quelques-uns se cherchent pour se constituer en groupes. Qu'ils le fassent donc en vue de l'*Arche* pour assurer les communications nécessaires.

L'*Arche* portera les artistes et les ouvriers d'art ; dans les

groupes se tiendront ceux qui attendent le secours de l'art
pour les élever à Dieu aux heures de la prière, les apôtres
qui favorisent leur ascension spirituelle, les bienfaiteurs qui
organisent par leur générosité la liaison nécessaire entre les
uns et les autres. Tous aiment à prier avec l'Eglise, et ils le
font autant qu'ils le peuvent. Cette disposition ne va pas
sans de nombreuses pensées qui leur sont communes. La
plupart ne s'en doutent guère, pour une raison fort simple :
l'occasion de les manifester leur a fait défaut jusqu'à ce jour.
Ils n'ont qu'à la saisir puisqu'elle se présente.

Un rapprochement momentané ne servirait pas à
grand'chose ; la bonne impression que chacun sentirait
serait bien éphémère. Or il s'agit d'une entreprise qui veut,
qui doit durer. Des pensées communes, un but commun,
constituent déjà un lien, on peut même dire, une affinité
spirituelle. On a ainsi une confrérie ; si ce mot garde son
sens primitif, une fraternité. Cette association n'a besoin
pour exister d'aucune intervention canonique. Elle existe
dans les âmes et c'est assez pour un début.

L'*Arche* porte le noyau autour duquel la fraternité devra
se former et vivre. Ceux qui se livrent à elle pensent, veulent
et travaillent d'accord. L'assistance et la communion au
sacrifice eucharistique, une participation active à la louange
divine dans la mesure où les devoirs d'état le permettent,
la lecture et la méditation des livres liturgiques, la contemplation des vérités et des œuvres divines, qui servent de
thème à la liturgie, entretiendront et dirigeront leur esprit,
leur volonté et leur travail. Ils puiseront directement une
inspiration et une discipline intérieure aux sources de salut
et de vie que le Seigneur fait jaillir dans son Eglise.

Cette compréhension de la vie chrétienne ne doit pas être

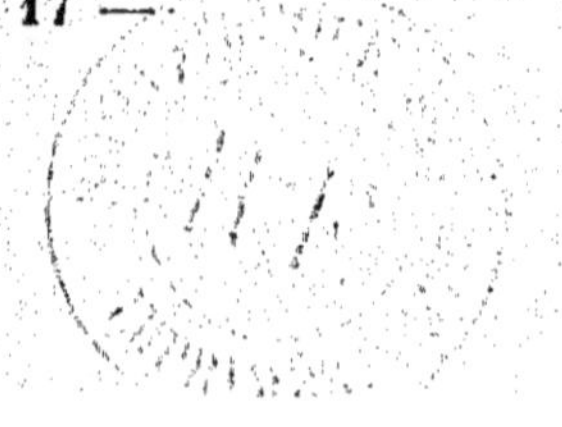

limitée aux artistes que l'*Arche* transporte. S'il en était
ainsi, leur action serait à peu près inutile ; elle ne serait pas
comprise. Tous ceux que leur œuvre intéresse ont à se
donner dans la pratique cette éducation religieuse ; c'est le
seul moyen de prendre au sérieux l'affinité spirituelle, l'état
d'esprit commun, qui constitue la fraternité chrétienne entre
les artistes, les ouvriers d'art et leurs clients. Alors ils pourront s'appliquer cette maxime : *Una fides, unus animus,
unus ordo vivendi*, où ont passé l'unanimité et la concorde
des chrétientés primitives.

Les uns et les autres ont des motifs identiques de régler
leur vie spirituelle d'après l'exemplaire que l'Eglise leur offre
dans sa liturgie. Puissent-ils à certains jours se trouver en
famille spirituelle pour chanter la messe et les psaumes,
pour communier ensemble, pour fortifier leur union en pensant aux mêmes vérités, en cherchant les routes qui condui-
sent à un but aimé. Cet exercice pratique de la communion
des Saints entre artistes, ouvriers et amis des arts religieux
triple, et au-delà, la puissance de chacun.

Comme cela laisse loin en arrière et à côté de la voie le
snobisme que des censeurs reprochent aux chrétiens épris
de liturgie et d'art ! L'enthousiasme avec lequel certains
convertis ont célébré leur admiration pour la prière officielle
de l'Eglise et les conditions artistiques capables de donner
à sa célébration toute sa portée individuelle et sociale a servi
de prétexte à ces critiques. Les hommes graves et ceux qui
ne le sont pas peuvent garder l'âme en paix devant les
manifestations de dédain dont ces nouveau-venus criblent
des routines pieuses. Le snobisme n'est pour rien dans ces
attitudes et ces gestes. L'*Arche*, pour son compte, montrera
par des œuvres combien cette légèreté lui est étrangère.

Ses fondateurs ont droit à toute la sympathie de *la Vie et les Arts liturgiques*. L'hospitalité qu'elle leur donne de grand cœur inaugure des relations appelées à devenir une collaboration. Leur but entre trop dans son programme pour qu'il en soit autrement. Elle continue ainsi une tradition qui lui est chère. Les liens qui l'unissent à l'*Arche* sont ceux-là mêmes qui se sont formés entre elle et la *Société de Saint-Jean*. Comme l'accord est facile entre gens qui déjà aiment l'Eglise et veulent louer le Seigneur dans la langue et avec les rites de cette Mère vénérée !

Dom Besse.

CE QV'EST « L'ARCHE »

> « Poussin, dit Ingres, n'eût jamais été
> « si grand, s'il n'avait eu une doctrine. »
> (Cité par M. Denis, p. 59, dans
> son livre de *Théories*.)

'abord pourquoi ce nom qui évoque l'Ancien Testament à propos d'un groupement d'artistes catholiques qui ont quelques prétentions à la modernité ? Parce que l'Arche est le premier navire construit pour résister au Déluge, or à nos yeux le Déluge c'est le Désordre et nous voulons passionnément l'ORDRE ; le Déluge, c'est l'AN-ARCHIE, c'est l'Individualisme, fruit du schisme du XVIᵉ siècle qui, en séparant l'homme de Dieu pour en faire une nouvelle divinité, en instituant le subjectivisme comme critère du Beau et du Vrai, nous a plongés dans l'Anarchie artistique dont nous souffrons tous. L'Arche contenait dans ses flancs une représentation unique de toutes les espèces, nous voudrions que la nôtre contînt les représentants de tous les Arts, *et nous entendons par là aussi bien les industriels que les artistes proprement dits ;* la séparation des domaines spirituels est, à nos yeux, une erreur dont nous goûtons aujourd'hui les fruits amers.

Nous voulons donc chercher tout ce qui *relie* entre eux les êtres, rejeter tout ce qui divise. Il nous faut donc, à côté d'une doctrine objective en religion qui est le seul catholicisme, une doctrine artistique, dont les lois sont connues, mais qui a été obscurcie depuis le XVI° siècle. Cette doctrine artistique qui s'appuiera sur les données de l'Expérience sera donc essentiellement traditionnelle, ce qui n'a jamais voulu dire qu'elle engagera ses adeptes à refaire les gestes anciens. Par doctrine nous n'entendons pas un formulaire analogue à la conception des artistes de la Renaissance qui prétendaient construire de beaux édifices suivant le module de la colonne employée. Doctrine implique direction, enseignement des lois essentielles de la technique de chaque art. « Etant lié, je suis libre », s'écriait saint Paul après sa conversion. Possesseur d'une doctrine esthétique certaine, nous gagnerions un temps considérable et acquerrions la vraie liberté.

Mais la doctrine ne peut être le fait d'un seul, elle implique le groupe, et c'est pourquoi l'Arche est un groupe d'artistes, modernes de tendance, mais traditionnels d'esprit, car, loin de faire table rase des efforts qui les ont précédés, ils voudraient, au contraire, recueillir avec soin les découvertes, les procédés employés si naturellement par leurs anciens. En peinture le dernier traditionnaliste en ce sens fut Delacroix, qui s'épuisa en recherches techniques. La Révolution, là comme ailleurs, en détruisant le Groupe corporatif, avait détruit l'enseignement technique, fruit de la communauté. En sculpture de même. Que dire de l'Architecture, dont les méthodes de construction et d'expression surtout, bouleversées par la Renaissance, achevèrent de s'altérer avec le « modern-style » qui était cependant un essai de retour à l'unité stylistique ? Aujourd'hui en architecture la pure anarchie règne, et cette anarchie nous met dans une telle impuissance que, devant les ruines accumulées par les Boches, nous ne savons quelle attitude prendre. Toutes les enquêtes faites à ce sujet, dans les milieux les plus différents impliquent une désorganisation profonde des forces artistiques.

Comment organiser notre groupement de travail ? Corporativement. Il faut revenir à la corporation où intérêts matériels et spirituels seront sauvegardés. L'Arche ne peut servir que de préparation à ce ou à ces groupements corporatifs et ne peut, à sa naissance, représenter immédiatement la corporation tout entière. Ce qu'il pose cependant dès le début de son effort, c'est qu'il ne peut exister de groupe sans unité de doctrine. Il y a en France, à Paris en particulier, d'innombrables « sociétés » (noter en passant ce mot) dont l'art est le principal souci. Elles n'ont rien fait dans le domaine pratique ; elles ont réuni des individualités peut-être intéressantes, jamais elles n'ont pu édifier quelque chose de durable. Se désintéressant des problèmes économiques, politiques, religieux, elles n'ont pu empêcher la diminution puis la disparition de tout apprentissage, elles n'ont créé aucun atelier ni suscité des « écoles » comme au Moyen-Age, elles n'ont pas su lutter contre la centralisation administrative, elles n'ont pas été consultées lors des Réformes de l'Enseignement du Dessin. Aujourd'hui où l'État semble vouloir concentrer dans des « Comités » tous les efforts de Renaissance artistique, aucune Société d'Archéologie, aucune Société provinciale, aucune Société nationale ou des Artistes Français n'a été appelée à envoyer à ces comités des

« Délégués » qui impliquerait de la part de l'Etat une reconnaissance légale de ces organismes privés.

Devant l'effrayante organisation de nos ennemis d'aujourd'hui, de nos concurrents de demain, nous n'avons rien à opposer que des forces étatistes, sans souplesse, sans valeur pratique.

L'Arche veut donc grouper des artistes et artisans catholiques, ayant des idées esthétiques communes ou voisines, dans le but d'exécuter des œuvres collectives où chacun apportera sa collaboration en vue de l'ensemble et dans un véritable esprit chrétien d'humilité.

Quand nous contemplons une cathédrale ou une œuvre plus modeste du Moyen-Age, nous sommes frappés d'abord de l'unité de conception, qui nous fait rechercher non la signature de telle sculpture, ou de tel vitrail, mais l'époque de sa réalisation. Les artisans et artistes de ces temps de foi et d'unité intellectuelle ont travaillé normalement sous la direction de clercs instruits pour enseigner, à leur tour, par des symboles clairs, l'histoire ancienne, l'histoire nouvelle de notre religion divine. Pour glorifier Dieu, ils n'hésitèrent pas à en glorifier les moindres créatures, de là cette floraison, ces animaux qui ornent la cathédrale ; ils voulurent rapporter à Dieu aussi les connaissances humaines, de là ces figurations de la science, de la philosophie et même de personnages de l'antiquité païenne.

Comme l'a si bien exprimé le Père Sertillanges au cours du Premier Pèlerinage de la *Revue des Jeunes*, dans la nef de « LA CATHÉDRALE » « nous voulons ramener la vie dans « l'Art religieux ; et si ce monde surnaturalisé comprend « l'homme, la nature et Dieu mis en un, n'est-on pas *en « péril d'erreur* dès qu'on tend soit à séparer l'esthétique de

« Dieu, soit à priver Dieu, si je puis ainsi parler, de cette
« esthétique universelle ? » Plus de ces misérables sépara-
tions entre l'Art et la Vie, entre la Vie et le dogme religieux.
La Catholicité est à base d'Universalité. Nous « artistes
catholiques » avons à faire bénéficier nos édifices religieux
de demain de tout l'apport des découvertes scientifiques de
notre temps. Notre doctrine religieuse est une doctrine de
vie, mais si nous entendons réfréner nos passions et nos
mauvais instincts, nous n'en serons pas pour cela des êtres
sans vie, sans tentations.

A l'inverse des disciples de Jean-Jacques, nous ne croyons
pas à la bonté native de l'homme, nous voulons discipliner
la vie, comme on canalise un fleuve. Ainsi obtiendrons-nous
le maximum de chacun de nous.

L'Arche a donc pour but de discipliner, de coordonner
les efforts individuels de ses membres, de mettre en commun les connaissances de chacun, et d'arriver ainsi à la collaboration intime dans les œuvres qu'elle rêve d'entreprendre
après la Guerre. Son but est donc d'abord de créer entre ses
membres le plus de liens possibles ; mais à cela ne peut se
borner son action, elle devra presque tout de suite s'occuper
de la perpétuité de son œuvre, et elle ne peut l'obtenir qu'en
créant des ateliers d'apprentissage où elle formera l'esprit et la
main de ceux qu'elle dirigera. Ce rêve avait été entrevu avant
la Guerre, par l'abbé Marraud, mort comme capitaine au
champ d'honneur, c'est son rêve que nous voudrions réaliser, et le premier de nos ateliers devra porter le nom de ce
précurseur de notre action.

Déjà nous avons reçu de précieux encouragements, des
maîtres éminents nous ont promis leur appui, mais avec
raison ils nous attendent aux œuvres réalisées. En effet jus-

qu'alors on a beaucoup discouru et la Guerre n'a pas arrêté,
au contraire, ces flots d'éloquence. Néanmoins, pour réaliser des œuvres, il nous faudrait avoir la confiance de quelque Mécène ou de quelque fabrique d'église. Pour notre
démonstration rien ne vaudrait comme une modeste chapelle à construire, à décorer, à meubler. Le jour où l'Arche
aura montré une œuvre réalisé suivant son idéal esthétique,
elle aura fait plus que tous les discours du monde. Sans
doute elle ne pourra du premier coup réaliser un chef-d'œuvre, elle aura à lutter d'abord contre l'individualisme
foncier de chacun de ses membres, mais tous peuvent l'aider,
en n'exigeant pas l'impossible, en reconnaissant sa bonne
volonté et son désir « d'orner la maison de Dieu » sans
vaine originalité, en lui fournissant enfin l'occasion de
réaliser son rêve de collaboration fraternelle.

ARCHITECTVRE

uelle est la position [prise par les architectes faisant partie de l'*Arche* ou désirant en faire partie ? La réponse peut être faite presque complète par le codex artistique proposé par un ami de la première heure de notre groupe, le P. Abel Fabre, dont les *Pages d'Art chrétien* sont dans toutes les mains. Nous nous bornerons donc à indiquer ce codex, ce *credo* comme point de départ de nos recherch es doctrinales. Peut-être le simplifierons-nous, peut-être y ajouterons-nous. Aujourd'hui il nous paraît résumer assez bien l'ensemble de nos convictions, il est d'ailleurs le résumé de conversations passionnées, c'est un point de départ, et s'il ne peut être de grande utilité aux artistes dont l'expérience est faite, il peut au contraire rendre d'immenses services à ceux qui veulent aborder le dur métier d'architecte à notre époque.

Une Ecole où serait donné un enseignement basé sur ces principes ne risquerait pas, comme celui de l'Ecole officielle des Beaux-Arts, de laisser le jeune homme qui en sort, ou sceptique, ou hésitant devant les diverses voies à suivre. Ces quelques principes de bon sens lui donneraient des directives d'action, une méthode pour étudier les monuments de l'antiquité, un critérium pour les juger.

Voici ce *Credo* :

1° Nous ne nous inféodons à aucun style ancien et nous renonçons à copier pour elles-mêmes les formes d'autrefois, parce que les pastiches ainsi obtenus manquent des qualités essentielles et ne répondent plus toujours aux besoins actuels. Mais nous ne nous interdisons pas l'utilisation des solutions anciennes demeurées bonnes, nous réservant le droit de les assouplir pour les faire servir à de nouveaux desseins.

2° Nous n'avons ni à inventer un style moderne ni à trouver un style personnel (ces deux mots d'ailleurs hurlent d'être accouplés, le style étant l'ensemble des formes trouvées par la collectivité à une époque donnée : on dit, en effet, le style d'une époque).

Le style moderne naîtra tout seul de nos tentatives collectives disciplinées par une même méthode de travail. Le devoir de chaque architecte est de reprendre les trouvailles des autres pour les perfectionner encore, sans se préoccuper de la propriété artistique (invention de notre époque d'individualisme)

3° Ni archaïsants, ni modernisants, nous essayerons de bâtir logiquement, de façon rationnelle, en donnant aux formes toute leur signification, toute leur « expression », avec autant d'indifférence pour le désir d'innover que pour le souci de répéter une ancienne solution. Mais nous ne croirons pas que la logique suffise. A ce que nécessite la structure doit toujours s'ajouter la sensibilité, l'expression artiste.

4° Nous voulons nous rattacher à la grande tradition française, qui pour nous, ne se limite pas au style précis de tel siècle glorieux, mais consiste dans un esprit général, dans un ensemble de principes de construction.

5° L'œuvre d'art n'est pas conditionnée par le Régionalisme, mais celui-ci peut être une source d'inspiration qu'il serait fou de dédaigner. Sensible dans les habitations rurales conditionnées très directement par le climat, le régionalisme est beaucoup moins sensible dans les édifices d'ordre plus général, comme les églises, les hôpitaux, les gares, etc., en un mot les monuments publics qui, de tout temps, se sont rattachés à un enseignement supérieur et général.

6° Loin de les repousser, nous accueillerons avec sympathie tous matériaux nouveaux, toutes productions industrielles, pourvu que ces matériaux soient sincères et honnêtes. Nous les emploierons dans leur sens et n'essaierons pas de dissimuler leur rôle.

7° Nous proscrirons énergiquement toute imitation d'un matériau par un autre, réprouvant résolument tout simili, tout faux-semblant, tout ce que nous considérons comme un véritable « mensonge artistique ». Quand nous aurons à recouvrir ou à décorer un matériau, nous le ferons conformément aux règles qui régissent l'emploi du revêtement et de la polychromie. Le placage doit conserver son aspect de placage. La polychromie doit être faite de tons volontaires harmonisés. Les matériaux artificiels comme le stuc doivent être exprimés comme tels, c'est-à-dire sans joints, etc..., etc...

8° Notre syntaxe architectonique est faite des lois de l'Art de bâtir telles qu'elles apparaissent aussi bien au Parthénon qu'à Notre-Dame d'Amiens, au pont du Gard qu'au viaduc du Viaur.

9° Nous soumettant aux programmes imposés, nous ne ferons jamais intervenir une prétendue question d'art pour les compliquer ou les enrichir. Nous viserons « à une économie raisonnée » de la matière, loi de tout progrès.

10° Dans la restauration des monuments anciens, nous ne restituerons que ce qui peut être reconstruit facilement et à coup sûr. Pour le reste nous nous contenterons de réparer en nous interdisant tout pastiche archéologique. Et quand il faudra refaire, nous bâtirons en hommes de notre temps, soucieux d'harmoniser l'apport nouveau avec l'œuvre du passé et restant ainsi dans la véritable tradition de nos ancêtres qui dans toutes nos églises notamment ne se sont jamais crus tenus de rééditer ou de pasticher.

Il resterait sans doute beaucoup à ajouter à ce codex qui s'adresse plus directement à des architectes connaissant leur métier plutôt qu'à des jeunes élèves, néanmoins il nous semble qu'il y a déjà là des directives intéressantes pour des esprits avides de connaître.

La Guerre aura beaucoup détruit, hélas ! De nombreuses pages de notre livre architectural auront disparu pour toujours au nom de la Kultur ; puissions-nous, tels d'humbles « romans », renouer le fil de nos traditions perdues ! Une étude raisonnée de notre Moyen Age, si éprouvé par la Guerre, s'impose de plus en plus. Des hommes éminents l'ont étudié et mis au point, beaucoup d'incompréhensions et de légendes romantiques ont été combattues, il nous reste encore bien à faire.

Dans l'Ecole de nos rêves, ce n'est pas à l'architecture étrangère, fût-elle italienne, que nous demanderons des leçons de construction et d'art, c'est sur notre sol retrouvé, purgé de la souillure allemande, que nous irons chercher nos modèles et nos enseignements.

Nous appuierons enfin nos doctrines esthétiques sur les leçons des maîtres éminents de la philosophie scolastique, qui ont su donner à la Raison sa véritable place ; et pour reprendre la belle phrase de Claudel qui peut, il me semble, résumer notre action, nous construirons du dedans au dehors.

« L'artiste païen faisait tout du dehors, et nous faisons « tout de par dedans comme les abeilles. »

LA PEINTVRE RELIGIEVSE

> « Les peintres font autant pour la reli-
> gion par leurs tableaux que les prédica-
> teurs par leur éloquence. »
> (Saint BASILE.)

out en nous montrant par l'exemple de son œuvre la voie à suivre en art religieux, M. Maurice Denis a bien voulu indiquer dans sa belle préface les principes essentiels que nous devons respecter.

Nous voulons en retenir ici ce qui s'applique plus spécialement à la peinture et, à ce propos, préciser notre pensée actuelle. Nous méditerons donc le beau programme que nous offrent ces quelques ligne s.

« Artistes chrétiens, notre but est d'exprimer dans un beau langage notre foi. — Le dogme et la liturgie suffisent à guider l'artiste. Qu'il consulte les anciens, mais qu'il évite de transporter telles quelles leurs formules, leurs imaginations dans son œuvre. — Respectueux des arts du passé, qu'il les connaisse, qu'il les aime, qu'il découvre et comprenne en eux les enseignements de la raison; les exemples du goût, les règles des métiers : tout ce qui constitue la

tradition vivante. — Qu'il trouve en lui-même l'expression des vérités éternelles qui sont l'incomparable matière de l'Art chrétien. — La foi personnelle de l'artiste, et pour être plus précis, son expérience religieuse a le pouvoir d'informer son imagination, de l'exalter, de la renouveler et de lui arracher des inventions qui touchent l'âme comme les cris du cœur. »

C'est exprimer clairement que le sujet de l'œuvre ne nous est pas indifférent. La compréhension que nous en avons ne l'est pas davantage. Nous tenons à avoir de ce sujet (vérité religieuse s'exprimant dans une scène réelle ou symbolique) une compréhension véritablement catholique. Nous traduisons cette vérité en termes plastiques parce que, la connaissant et l'aimant, nous voulons faire partager au prochain notre foi et notre émotion par les moyens d'art qui sont les nôtres. Le sujet religieux, et plus largement le sentiment, la manière de penser catholiques seront la raison d'être et non le prétexte de nos œuvres. Ils ne pourront l'être que si la foi est la raison d'être de toute notre vie. C'est dire que nous sentons l'obligation de nous efforcer de vivre chrétiennement et d'acquérir la compréhension chrétienne de la vie. Nous étudierons le dogme et la liturgie pour faire passer dans nos œuvres la pensée de l'Église, au lieu de traduire une étroite conception personnelle.

Cela n'empêchera pas l'infinie variété individuelle de se manifester par mille nuances ; mais, soumis à une discipline aimée, nous traduirons sans crainte les grands sujets religieux comme nous les comprendrons. La compréhension chrétienne de la vie nous amènera à puiser avec amour dans la nature, à regarder autour de nous avec sympathie, cherchant dans toute créature les vestiges du Créateur. Une phrase de l'*Imitation* dit : *Il n'y a créature si petite et si vile soit-elle, qui ne représente la bonté de Dieu.*

La Vérité révélée et la Vie seront donc nos sources d'inspiration. Mais en art la manière de traduire importe autant que l'inspiration, c'est le corps de l'œuvre d'art, si l'inspiration en est l'âme ; de même que l'homme n'existe que dans l'unité de son âme et de son corps, de même l'œuvre d'art ne peut pas être une intention seulement ; cette intention doit être exprimée. Demandons-nous par quels moyens ?

Une œuvre d'art plastique est un tout composé de parties proportionnées entre elles ; elle est d'abord *un ensemble de lignes, de surfaces colorées disposées pour le plaisir des yeux et un certain ordre voulu par la raison.* L'art, que saint Thomas d'Aquin définit : « *La droite raison appliquée aux œuvres de l'homme* », a pour but de réaliser, avec sa matière propre, la Beauté. Qu'est-ce que la Beauté ? *Elle est,* répond saint Thomas, *le resplendissement, la mise en valeur de la pensée intime, de la raison d'être, de la forme* (au sens scolastique du mot) *sur les parties proportionnées de la matière,* « Resplendentia formae super partes proportionatas materiae. »

Pour qu'une œuvre d'art soit belle, il faut donc y trouver la proportion, l'équilibre, l'harmonie ; mais cela ne suffit pas : cette proportion, cet équilibre, cette harmonie, doivent être l'expression de quelque chose de si intime à l'œuvre que sans elle l'œuvre ne serait pas ou ne serait pas la même. Ce quelque chose d'intime dans une œuvre d'art religieux doit être la pensée religieuse rendue vivante par la sensibilité de l'artiste.

L'œuvre d'art est donc essentiellement *expression, symbole* ; par le moyen de couleurs, de lignes équilibrées, ordonnées, belles par conséquent, elle procure une joie esthétique au spectateur. Elle suscite en lui une émotion analogue à celle dont elle est née, car les couleurs comme les lignes, mais plus encore, éveillent par elles-mêmes des résonances affectives en nous. Qui ne trouve le rouge héroïque ou joyeux, le brun austère, le noir ou le gris triste ? La symbolique des couleurs, dont nous avons un reste dans nos vêtements de deuil et que l'Église a conservée dans ses vêtements liturgiques, est usitée chez tous les peuples : elle a un fondement naturel et psychologique.

Il est en nous une région mystérieuse, aux confins de notre être corporel et de nos facultés spirituelles, où tout ce que nos sens apportent d'impressions : couleurs, formes, sons, parfums, prend une valeur d'émotion. « *Les parfums, les couleurs et les sons se répondent* », a dit Baudelaire. Ils se répondent parce qu'ils se rattachent à certaines émotions très simples et très générales et qu'ils en sont les symboles.

Si les couleurs et l'arabesque des lignes d'une composition sont adéquates au sentiment ressenti par l'artiste, la conscience du spectateur, avant même qu'il ait discerné le sujet représenté, se trouve baignée dans l'atmosphère morale qui convient. Il est alors disposé, à son insu, à accueillir favorablement l'idée exprimée, lorsque celle-ci lui apparaîtra dans ce beau corps expressif qu'est l'œuvre d'art. La connaissance de la Beauté éveille l'Amour. Les idées ainsi exprimées seront aimées.

Une belle peinture est donc l'expression d'une idée par des moyens purement plastiques ; elle n'est pas une copie de la nature, une fausse nature, un trompe-l'œil. Nous faisons nôtre la critique de Pascal : « *Quelle vanité que la peinture qui attire l'admiration par la ressemblance des choses*

dont on n'admire point les originaux ! » Ne peut-on la comprendre et l'expliquer ainsi : Pascal ne connaissait comme
critère de l'Art que celui de son siècle. Une œuvre d'Art
était admirée pour autant qu'elle était imitation parfaite.
Son sens catholique lui fit mépriser cette conception maté-
rialiste qui réduit l'art à ce rôle inférieur. Mais l'art n'est pas
une simili-nature, si belle soit la nature copiée. « *Nous fui-
rons donc* (comme l'a dit Maurice Denis) *le trompe-l'œil,
malgré les magnifiques exemples qu'en a donné depuis la
Renaissance un art empreint de paganisme.* »

Est-ce dire que notre art serait purement subjectif et que
l'artiste serait maître, comme l'ont essayé les néo-symbolistes
du XIX⁰, de forger lui-même son langage. de traduire sa
pensée par toutes les formes que sa fantaisie, son imagination lui suggéreraient ? En aucune manière. L'art est expression, donc langage ; or, un langage doit être commun à
plusieurs, sinon il est incompréhensible. Il faut se mettre
d'accord sur un vocabulaire et une syntaxe plastiques.
Faudra-t-il pour cela adopter les formes d'une école du
passé ? Nous ne le croyons pas, ces tentatives ont toujours
été stériles.

Les arts plastiques emploient comme mots et comme termes les formes, les apparences des êtres qui nous entourent.
Il faut les représenter de façon reconnaissable pour tout le
monde, donc faire appel au sens commun sur la forme exté-
rieure des êtres et des choses.

Cette attitude a sa justification dans la philosophie réaliste
d'Aristote et de saint Thomas. Chacun de nos organismes ne
crée pas le monde à sa guise. Il existe en dehors de nous.
Nos sens nous le font connaître. Quand nous lui emprun-
tons des éléments pour exprimer nos idées, notre émotion,

traitons-les avec le respect dû à des réalités contenant un
dessein, un ordre caché. Cet ordre immanent au monde c'est
la pensée même de Dieu. Il n'est pas de conception de l'Univers plus génératrice de Beauté ; l'histoire en témoigne : ne
régnait-elle pas dans les esprits au V⁰ siècle grec, de même
qu'aux XIII⁰, XIV⁰ et XV⁰ siècles français et italiens, époques des deux plus admirables floraisons d'art qu'ait pro-
duites l'humanité ?

Cette attitude de respect en face de la réalité, nous devons
la prendre parce que nous sommes des artistes catholiques
et parce qu'elle rend l'art compréhensible pour le plus grand
nombre. Notre art ne doit pas être un art ésotérique, réservé
à quelques initiés, mais un langage catholique, c'est-à-dire
universel. Étant ainsi une langue véritable puisque les termes en seront compréhensibles, la peinture sera non seulement source d'émotion comme la musique, mais encore de
connaissance.

Comme il le fit au Moyen-Age, l'Art chrétien racontera
de nos jours les Mystères de la Foi, mais avec les nuances de
sentiment particulières à notre temps, puisqu'il sera le fait
d'artistes vivant avec leurs contemporains et ne s'enfermant
pas dans la répitition morte de ce qui fut vivant à une autre
époque. Catholiques, nous avons tout ce qu'il faut pour
créer, aujourd'hui comme en tous temps, un art complet.
Artistes ou non, nous adhérons de toute notre âme au
même *Credo* ; nous sommes soumis à la même discipline
morale ; notre religion nous donne ce fonds stable et commun de pensées, de croyances, de sentiments, qui est la base
indispensable de toute communion entre les hommes, par
conséquent de tout art. Il y a donc accord préétabli entre
l'artiste et son public quant à l'inspiration.

Que l'artiste emploie des formes compréhensibles ; qu'il s'efforce vers la clarté et la simplicité, caractères dominants du génie de notre race ; — que le public des fidèles fasse effort pour sortir de sa routine et de ses préjugés ; qu'il ne refuse pas de se laisser toucher sous prétexte qu'il n'a pas coutume de voir un art moderne, vivant, dans les églises. Que le clergé veuille bien se souvenir de la parole de saint Basile et ne se désintéresse pas de l'aide apostolique que de belles peintures pourraient apporter de nos jours à l'enseignement de la doctrine, comme elles l'ont fait jusqu'au XVIe siècle, et l'accord se fera de nouveau entre l'Art et la Religion. L'un est fait pour servir l'autre. Dans ce service il a trouvé sa grandeur. Il l'a oublié. Il a voulu être à lui-même sa raison d'exister. Rendons justice aux efforts qu'il a faits. Depuis un demi-siècle les artistes se sont acharnés à des recherches raffinées de techniques et d'expressions nouvelles. Des découvertes remarquables ont été faites en ce sens; il faut les utiliser. L'art chrétien de nos jours doit être moderne, mais sa profession de foi rejoindra celle des peintres siennois du XIVe siècle. Ceux-ci disaient : « *Nous sommes, par la grâce de Dieu, ceux qui manifestent aux hommes les choses miraculeuses opérées par la vertu et en vertu de la Sainte Foi* », et ils s'intitulaient : *manifestatores Dei.* Telle sera aussi l'unique ambition de la peinture religieuse dans la renaissance catholique et française qui suivra la guerre.

Sur les murailles des églises reconstruites, de vastes compositions, simples, harmonieuses, où tout sera subordonné à l'expression sincère de la vérité religieuse connue, vécue et aimée par des artistes modernes, ne pourront manquer d'intéresser, d'émouvoir et d'édifier leurs contemporains.

Les peintres membres de l'*Arche* n'ignorent pas les résultats obtenus jusqu'à ce jour dans cette voie. Ils ont pour exemples les œuvres profondément catholiques, émues. et très modernes de grands artistes contemporains, tels MM. Maurice Denis, Georges Desvallières et Forain, sans oublier les admirables peintures que la donnée religieuse inspira à Puvis de Chavannes, Eugène Carrière et Albert Besnard. Ils n'ont pas la prétention de réaliser eux-mêmes le programme idéal qu'ils expriment ici. Ils se proposent de donner l'exemple du travail en collaboration, subordonné à une direction d'ensemble, dans un but précis, avec des moyens déterminés. Leur modeste équipe remplira sa tâche en frayant la route à ceux qui voudraient s'y engager. Sans se faire illusion sur leur insuffisance personnelle, les membres de l'*Arche* aiment à se rappeler ces paroles du P. Gratry :

« *Peut-être que plusieurs humbles disciples du Christ unissant leur intelligence dans l'humilité fraternelle et méritant, dans l'ordre de l'art, cette bénédiction du vrai Maître :* LORSQUE DEUX OU TROIS D'ENTRE VOUS S'UNISSENT EN MON NOM SUR LA TERRE, JE SUIS AU MILIEU D'EUX, *peut-être, dis-je, que plusieurs humbles frères unis en Dieu feront plus qu'un grand homme. Peut-être que plusieurs bons ouvriers décidés, courageux, laborieux et poussés par un architecte invisible, construiront l'édifice comme les abeilles construisent une ruche.* »

Que ces ouvriers heureux soient ou ne soient pas les membres de l'*Arche*, peu nous importe. Il suffirait à notre ambition, comme le faisait encore espérer le P. Gratry à ses disciples, « *d'ouvrir modestement à d'autres, plus forts que nous et qui sauront conquérir la place, une porte qu'ils n'apercevaient pas.* »   **...**

LA SCVLPTVRE PEINTE

ui veut savoir l'effet donné par une statue peinte, n'a qu'à visiter nos musées. Ces statues sont encore fort nombreuses, au Louvre, à Cluny ; et de toutes les matières : pierre, bois, ivoire, etc. Ce sont souvent des images de la Très Sainte-Vierge portant un grand manteau bleu, quelquefois rouge, avec des ornements d'or. Les couleurs sont si justes, si bien accordées qu'on éprouve à les voir un plaisir qui n'est plus seulement celui de la forme, celle-ci se trouve comme enrichie, et bien loin que la couleur donne, comme les figures du musée Grévin, l'illusion d'une personne vivante de notre vie, d'un trompe-l'œil, ces statues peintes donnent l'idée d'une vie un peu étrange, un peu mystérieuse, d'une vie conçue plutôt que vécue, d'une autre vie enfin, d'une beauté qui règne au-dessus et au-delà de notre terre, d'un amour, d'une pitié surhumaine, et pour tout dire surnaturelle. La sculpture dit tout cela aussi, et même c'est elle qui réellement dit tout cela mais la peinture éclaire la forme comme une lumière qui lui serait intérieure. Ces belles œuvres cependant sont aussi vraies au sens étroit où on le demande aujourd'hui à une imitation de la nature, qu'il est possible de l'être. Mais c'est justement parce qu'elles sont si vraies qu'elles donnent l'idée d'un infini qui est Dieu et d'une beauté suprasensible.

Ne sommes-nous plus capables de faire aussi beau ? Ne devons-nous pas au moins nous y essayer ? Nous sèvrerons-nous toujours du supplément de beauté qu'apportait la couleur aux sculptures de nos pères ? Craindrait-on de rompre avec la mode du blanc, du gris, du sale ? Craindrions-nous de paraître comme les coquelicots et les bleuets des champs, comme le ciel et les moissons, un peu voyants et pas très distingués ? Nous avons de si bonnes raisons de peindre nos statues : toutes les bonnes époques l'ont fait : Les portails de nos cathédrales étaient peints ; c'est visible sur beaucoup d'entre eux et en particulier à Notre-Dame de Paris, les voûtes également comme à Auxerre. Les colonnes et les frontons des temples grecs, les grands bas-reliefs égyptiens ont conservé des traces de couleur et quelquefois toute leur peinture. Ce fut un grand scandale quand un érudit l'eût démontré d'après les textes. La race impure des esthètes et des beaux esprits jugeait du monde par elle-même ; la pureté : c'est l'absence de vie ; ce calme : l'impuissance de sentir et de se passionner et la pureté en art était marquée pour eux par l'absence de couleur et de mouvement : ainsi voyaient-ils l'art grec. Et quand après l'érudit un archéologue montra de véritables statues antiques vraiment peintes, on lui en voulut, l'archéologue manquait de tact.

Il y a pourtant de bonnes raisons pratiques pour peindre les statues. C'est d'abord de les protéger. Il n'est pas de pierre que la pluie et la gelée n'abîment à la longue et le marbre devient peut-être encore plus vilain que la pierre. Certaines colonnes du porche, au Sacré-Cœur de Paris, sont déjà rongées. La peinture, qui peut être renouvelée, assure pour ainsi dire indéfiniment la conservation de la pierre et des statues.

La seconde raison est de les rendre visibles. La frise des Panathénées, au Parthénon, à 7 mètres de haut sous une colonnade, eût été invisible si elle n'eût été peinte et de même les chapiteaux de nos grandes églises, les statues des retables qui sont faites, j'imagine, pour qu'on les voit. Fort bien, me direz-vous, on peint aussi les portes de grange afin qu'elles ne s'abîment pas, et on peint les enseignes, les lettres gravées des tombes pour qu'elles soient visibles, mais il s'agit que votre ouvrage soit beau et digne de Dieu s'il doit entrer dans Sa maison. — Est-ce que la couleur ne serait pas une œuvre de Dieu ? Dans Ses œuvres n'est-elle point belle ? Si la couleur d'un tableau peut être belle, celle d'une statue peut l'être aussi, comme celle d'un vitrail ou d'un tapis. Mais il faut aimer Dieu et sa création, il faut étudier celle-ci diligemment. Aujourd'hui les gens de goût se récrient lorsqu'on parle de statues peintes : ils ne songent plus aux œuvres anciennes que chacun peut aller admirer pourtant, ils pensent aux ouvrage modernes qui sont seulement très mal peints; et la statuaire religieuse emporte tous les prix : c'est de la mauvaise sculpture mal peinte. Pourquoi? Il y a, à cela, beaucoup de raisons. Suivant le mouvement général de l'esprit moderne depuis la Renaissance, l'art, malheureusement, s'est peu-à-peu séparé de la Religion : si les artistes avaient toujours été préoccupés d'art religieux, les églises ne seraient pas pleines aujourd'hui de plâtres coloriés et de chemin-de-croix en carton. Et puis ceux qui en avaient la charge ne se sont peut-être pas beaucoup souciés de baptiser à nouveau la beauté. Quoiqu'il en soit, des industriels sans vergogne ont exploité à la fois la piété des fidèles, le clergé et les artistes. Les horreurs qu'ils évitent jettent un immense discrédit sur le goût des catholiques, et sur les possibilités d'une rénovation de la pensée religieuse dans les arts. Les meilleurs poètes français sont actuellement des catholiques. Est-ce négligeable pour l'apostolat ? La pensée moderne, dans la forme qui la rend accessible à nos contemporains, reçoit la vie dans l'esprit des enfants de Dieu. Se peut-il que ce soit en vain ? Serait-ce en vain que les indifférents, que les esprits travaillés par l'inquiétude et le désir d'une beauté infinie fûssent obligés d'entrer dans les églises pour voir les bonnes œuvres de l'art moderne, se vissent obligés de confondre l'amour du beau, que chacun éprouve naturellement, et l'amour de Dieu qui n'est donné que par la foi ? Pour les artistes et pour beaucoup de gens le beau est un moyen de perfectionner leur esprit ; c'est le mode par où peut leur être accessible la splendeur de Dieu. L'Eglise l'a si bien compris jadis, que loin d'en faire fi, elle a comme accaparé l'art. Heureuse emprise ! Soins providentiels ! Les civilisations passées nous ont-elles rien laissé de plus vivant, de plus directement sensible, ni de plus important que leur art ? Sans traducteur, sans dictionnaire, Karnak, Athènes et leurs sculptures gardent vivante la pensée de ces vieux hommes morts depuis si longtemps ; et le témoignage le plus grand, le plus accessible à tous, le plus irréfutable de la grandeur de la pensée chrétienne au moyen âge ce sont nos églises. Que les temps viennent donc où les artistes, humbles collaborateurs du clergé pourront travailler à la gloire de Dieu, où la charité et l'étude aidant, il y aura de nouveau une société chrétienne et un art chrétien.

H. C.

DÉCORATION ET LITVRGIE

'art liturgique réclame de la sobriété. Pas de décoration florale, sinon stylisée. » Voilà ce que nous avons lu dernièrement avec surprise dans un compte-rendu d'exposition liturgique. Il semble que le mot sobriété ne soit pas tout-à-fait à sa place. Sobriété signifie tempérance, retenue. Devons-nous avoir de la tempérance et de la retenue au service de Dieu ? « La mesure d'aimer Dieu, dit Saint-Bernard, est de l'aimer sans mesure. » Trouvons-nous de la sobriété dans les Psaumes ? Ne sont-ils pas un élan du cœur qui répond à l'ardeur de nos sentiments. Trouvons-nous de la retenue dans le *Magnificat* ?

L'art n'implique-t-il pas le même élan de notre esprit et un don de notre cœur qui se traduit en œuvres aussi magnifiques qu'il est possible ?

Pour remercier Dieu de ses dons ineffables, l'homme a cherché à lui offrir ce qu'il avait de mieux. Les premiers hommes offraient leurs plus belles brebis et les plus beaux produits de la terre. C'est en puisant dans la nature si belle sous toutes ses formes que les hommes ont cherché à extérioriser leur amour et à le faire remonter à Dieu, en attendant que des générations plus raffinées fissent sortir de leurs doigts l'image de ce qu'elles trouvaient de plus beau sur cette terre, pour en orner ce qui était destiné au culte divin.

Les livres sacrés leur en avait donné l'exemple. Dieu lui-même ne dédaigna pas de prendre dans la nature des symboles, des moyens de s'exprimer (l'arbre de Jessé). En paraboles Notre-Seigneur Jésus parle de la vigne, du grain de senevé, du lys des champs, du figuier stérile. Il ne méprisa pas cette admirable parure de la terre, les Evangélistes nous ont rapporté ces récits. Les premiers chrétiens ont décoré les chambres des catacombes de plantes et d'oiseaux.

Que voyons-nous dans les cathédrales, traduction de pierre du plus bel élan d'amour et de foi si ce n'est encore la nature sous toutes ses formes, depuis les hommes jusqu'aux animaux les plus ordinaires, les arbres, les fleurs jusqu'aux légumes et aux fruits les plus communs. Tout y est parce que Dieu a tout créé et que tout est parfait et sert de leçon à qui veut se donner la peine de regarder.

C'est surtout dans le règne végétal que les artistes de tous les temps ont puisé leurs éléments décoratifs. Même ceux qui nous en paraissent les plus éloignés proviennent souvent d'une interprétation ou d'une déformation de formes naturelles. Cette interprétation ou déformation est légitime en art et constitue le style ou les styles. Mais elle ne provient pas d'une recette : la stylisation, comme semblent le croire certaines écoles.

Les caractères particuliers qui constituent un style sont nés du choix fait plus ou moins instinctivement par les

artistes de certaines formes. Ce choix s'est fait sous l'influence
de la civilisation, du climat, donc de la flore du pays qui a
vu naître telle forme d'art. Il y a aussi une adaptation de la
forme ou de la couleur de la plante servant de thème orne-
mental à la matière dans laquelle l'artisan la traduit : pierre,
bois, étoffe, métal ; adaptation aussi à la forme utile, donc à
l'usage de l'objet décoré.

Toutes ces conditions d'une véritable réalisation d'art ont
donné et donnent encore des résultats plastiques variant à
l'infini en partant de la même donnée de nature où l'artiste
puise son inspiration. Tout cela est très loin de la copie
photographique déplacée partout en art, mais est-ce ce qu'on
entend par stylisation ? Pas du tout. Par fleurs stylisées on
entend généralement des formes conventionnelles stéréoty-
pées qui sont censées représenter un lys, des feuilles, etc.
C'est utile en langage héraldique, mais en art ? Ces motifs
provenant de copies faites des centaines de fois, calquées
sans intelligence sont donc des poncifs. Pourquoi vouloir
employer ces restes morts d'un passé, qui fut vivant, à glorifier Dieu, à servir l'Eglise, l'Eglise immuable et cependant
toujours contemporaine ?

Ce n'est pas au nom de l'Eglise maîtresse de vie, qu'on
peut nous obliger à la mort, et le stylisé ou poncif c'est la
mort en art. Que l'Eglise demande aux artistes du *style* elle
en a le droit. « *Avoir du style, disait l'abbé Loisel, c'est choisir délibérément le nécessaire.* » Mais le nécessaire n'est ni
mesquin ni pauvre, il est ce qu'il faut pour qu'une chose
soit ce qu'elle doit être, ce qui convient, et ce qui convient
quand il s'agit de servir Dieu, ce n'est pas maigreur, pau-
vreté, mesquinerie.

C'est pourquoi nous voyons à toutes les époques, les

richesses accumulées au service du culte. Rien ne semble
assez beau. Toutes les richesses découvertes ou œuvrées par
les hommes servent à donner une faible idée des merveilles
du ciel et des perfections que l'âme doit avoir acquises. Ne
devons-nous pas être revêtus de la robe nuptiale pour
entrer au ciel ? L'Écriture n'a jamais craint de se servir du
luxe mondain. « *Rien qui rappelle des broderies, des cos-
tumes de dames* », disait l'article auquel nous faisions allusion
tout à l'heure. Il faut certes éviter de donner à un vêtement sacerdotal une allure de vêtement féminin. Mais il ne
serait pas messéant qu'il ressemblât à un manteau royal.
Tout l'or et le luxe des broderies qui se trouvent actuellement sur des somptueux manteaux de soirée, ne seraient-
ils pas plus à leur place sur le dos du prêtre qui monte à
l'autel que sur les épaules d'une femme qui ne peut en tirer
que des louanges très inutiles ? La sobriété ne serait-elle pas
là plus à sa place ? Pourquoi à notre époque, où la tradition
est plus ou moins perdue ; où l'on cherche à renouer le lien
avec le passé, pourquoi émettre comme principe de styliser
les fleurs ? Comment peut-on espérer obtenir une belle œuvre
si l'on est décidé d'avance à arranger de telle ou telle façon,
l'œuvre de Dieu sous prétexte qu'elle n'est pas assez déco-
rative par elle-même. Au contraire c'est en la regardant
avec amour que nous pourrons trouver en elle, et en elle
seule, les formes, les lignes où nous pourrons épancher les
sentiments multiples qui forment la vie, avec l'élan que
réclame la folie d'amour qu'a eu pour nous notre Créateur.

Pourquoi réclamer de la sobriété, pourquoi craindre la
représentation des fleurs, des fruits qui par leur abondance
rendent si bien l'épanouissement de l'âme. Pourquoi s'en
tenir toujours à ces fleurs tellement stylisées qu'elles ont

perdu toute saveur. Dieu reçoit ainsi comme hommage des lignes très maigres qui ne peuvent être l'expression de la Charité dont parle Saint-Paul. Car toute œuvre doit porter en elle ce désir de faire connaître et aimer Dieu.

Comment y parviendrions-nous si ce n'est en offrant des images où l'abondance des dons de Dieu attire vers Lui toutes les misères et les souffrances de cette vie en une oblation qui ait pour fin sa gloire ?

SELECTÆ

Nous pensons qu'il sera agréable aux lecteurs de trouver réunis ici quelques textes, qui illustrent avec éclat le programme que nous venons d'exposer.

Emanant de personnalités remarquables : membres du clergé, et artistes catholiques, ils témoignent du mouvement profond et sérieux dont notre effort est une modeste manifestation.

Le premier de ces fragments est tiré de « La Prière » du Père Sertillanges. — Le second est tiré d'un article du peintre G. Desvallières. — article écrit au lendemain de l'Encyclique contre le Modernisme. — Nous avons fait de larges emprunts : à la substantielle brochure du si regretté abbé Marraud (nous ne faisons qu'essayer de réaliser une partie de son rêve, assurés de sa protection en ce presque 3° anniversaire de sa mort héroïque). — Nous citons enfin une conférence du P. Louis, si bienveillant pour notre tentative (cette conférence a paru tout entière dans la Revue de la Vie et les Arts liturgiques du mois de juin 1917).

ROLE DE LA BEAUTÉ DANS LA VIE CATHOLIQUE

ous réclamerons de la prière parfaite qu'elle se constitue en beauté. Car la beauté bien analysée répond à l'idée de plénitude épanouie et d'harmonie éclatante entre les éléments où la nature d'une chose se fait voir. Or, si cette plénitude et cette harmonie sont requises quelque part, c'est bien dans nos relations avec le divin. *Beauté intérieure des sentiments et des mouvements de l'âme ; mais aussi beauté de la parole, beauté du chant et des cérémonies liturgiques, beauté des édifices, du mobilier, du luminaire, de l'ornementation, des objets du culte, de tout ce que la prière est chargée d'animer et de pousser vers Dieu ; c'est le droit. Là doivent tendre nos efforts de manifestation, résultat des efforts de création religieuse que nous entretenons au dedans. Nous y verrons le témoignage et en même temps l'un des moyens de l'intime union que l'Evangile a recréée entre Dieu et les œuvres de Dieu, l'homme et les œuvres de l'homme.*

Il sera bon de traiter un pareil sujet en un moment où toute la vie, et notamment la plus intérieure, est de nouveau proposée à nos réflexions. On prie à l'heure qu'il est, partout où l'on n'a pas perdu le sens divin.

A Montmartre, à Notre-Dame des Victoires, sur la montagne Sainte-Geneviève, l'âme parfumée de Lutèce s'exténue. Elle prie, comme en tout temps, pour les grandes causes sacrées ; elle ajoute à ce trésor les prières intimes. Elle se prosterne aujourd'hui, comme jadis la petite sainte qu'on voit au Panthéon, agenouillée au pied d'un arbre, devant une croix plantée au cœur du tronc, comme si la nature même se faisait chrétienne. Et tout autour, des troupeaux, une charrue dans le sillon, un groupe de protégés que cette prière candide couvre et anime.

On sent qu'au-dessus de cette jeune extase tout le ciel est incliné. On sent la toute-puissance d'un appel où la confiance sait tirer argument de sa faiblesse. On voit ces mains à peine formées pleines déjà des grandes œuvres que racontent les tableaux suivants. On comprend que tout un peuple est en cause, et aussi des douleurs précises, et aussi des intentions que leur humilité rend plus dignes du ciel.

La prière est au-dedans, et elle paraît éclater dans un geste. Elle harmonise un corps pur et couvert de lin avec des cheveux répandus comme ceux d'une jeune Madeleine -

qui ignore la faute. Le caractère hiératique de la fresque en fait une liturgie : son symbolisme tourne en généralisation de la prière française présentée par ses saintes ; sa beauté donne satisfaction à notre ultime requête. La prière peinte donne l'exemple à la prière en esprit et en vérité.

—

La matière chante aussi, la matière parle, la matière est active en se faisant l'instrument de notre action. Orne-ments, vases sacrés, mobiliers, peintures et statues, cloches, et pour enclore le tout, l'édifice, tout sert à l'expression, donc à la beauté. La chrétienté offre à Dieu en hommage de beauté priante tout ce qu'il nous créa ; elle le lui tend après le baiser de l'art comme le servant tend la burette ciselée ou le voile du calice qu'il embrasse...

Aux jours présents, ce service de l'art passe aux yeux de tous pour subir une crise, crise qui répond à celle de la foi. S'il est vrai que la foi nous revient, la crise de l'art sera courte...

Ce qu'il faudrait, c'est que la prière rituelle reconquît l'âme des foules, que la DEMANDE ainsi affirmée créât l'OFFRE, à laquelle la beauté ne se refuse point. Nos artistes, nos écrivains feraient taire alors la prière sotte de tant de can-tiques, la prière fade des statues peintes, la prière lourde des architectures pastiches, la prière maniérée et profane de peintures soi-disant modernes, la prière désordonnée et étriquée de cérémonies sans soin parce qu'elles sont sans amour...

La réforme de Pie X a voulu nous restituer, avec la beauté elle-même, son âme religieuse. Ayant pris pour devise : Tout restaurer dans le Christ, ce pape a semblé ajouter, comme si c'était la même chose : Tout restaurer dans le beau, dont le Christ est le protagoniste, dont il est tout d'abord le modèle. Mais il a vu que les sentiments sont à la base des formes ; que celles-ci, par elles-mêmes, nous laisseraient indigents ; et il a consacré son labeur à la restauration de la foi, pour qu'on goûte avec elle et avec ses bienfaits les surcroîts qu'elle exige et qui la fomentent.

« Je veux que mon peuple prie sur de la beauté », a-t-il dit : ce mot marque le souci et la compréhension supérieure des deux termes qu'il assemble ; il les place dans leur ordre. Prier sur de la beauté, ce sera d'abord prier, et ensuite, subordonner à l'élan de prière, pour que celui-ci se prolonge et s'accroisse, toutes les formes qui lui conviennent.

L'art pour l'art serait à sa place moins que jamais dans la liturgie. Les fins religieuses doivent gouverner ce qui vient à la religion non pour la supplanter ni l'utiliser, mais pour la servir.

Synthèse des arts en vue de l'exercice extérieur de la prière et au bénéfice de la prière intérieure : telle serait la formule exacte. Beauté de la vie humaine reliée à Dieu par le Christ avec toutes ses dépendances et dans l'intégrité de ses épanouissements possibles : tel en serait l'effet.

(*La Prière*, R. P. SERTILLANGES, 1917.)

RÉFLEXIONS D'UN CATHOLIQUE

J'admets enfin que les catholiques vont évoluer !
Mais c'est la Foi toujours croissante qui fera ce miracle, et ce n'est pas une atténuation de dogme, ce n'est pas un

abandon de vérité qui en sera cause ; c'est, au contraire, *par un retour ardent vers l'étude exclusive des grandes époques du catholicisme* que se fera ce mouvement.

Peu à peu, en effet, les croyants se révoltent devant la veulerie des élucubrations anodines qui empoisonnent tous les livres de piété moderne, ils se révoltent contre les traductions honteusement adoucies du latin liturgique. — Ils ont... nous avons hâte de nous retremper aux puissants cerveaux qu'étaient saint Augustin et tous les grands docteurs. Nous brûlons d'allumer nos cœurs ardents au feu de leurs cœurs passionnés...

Et ce Dieu, qui donne son cœur en pâture aux pécheurs, qui a souffert toutes les insultes, toutes les douleurs, toutes les souffrances, toutes les misères en un mot, dont l'image seule devrait nous faire voir la vie au travers d'un déluge de larmes, comment le représente-t-on aujourd'hui dans nos églises, sur nos églises ? C'est à faire trembler d'indignation.

Quel bouleversement salutaire supprimera quelque jour les boutiques de ces infâmes trafiquants de la figure de Notre-Seigneur Jésus-Christ, de la Très Sainte Vierge, qui révoltent et éloignent par leur marchandise étalée l'artiste passant, le rêveur à convaincre, qui empoisonnent aussi chaque jour un peu plus le public indifférent, le catholique d'habitude, en flattant bassement son égoïsme bourgeois, implacable et méchant ?

Ils sont satisfaits, en effet, et tranquillisés, ces gens, de voir ce Dieu percé de coups, mis en croix *pour eux...* et qui ne souffre pas, de voir cet Être qui se donne jusqu'à la mort *pour eux...* et qui a la bouche en cœur.

Quant à cette Vierge, qui présente son cœur inondé de sang, percé des sept poignards... tout en pensant à autre chose...

sans doute à la toilette qu'elle mettra le soir, pour aller dans
le monde, pour amuser quelque bellâtre, ou faire souffrir
quelque pauvre homme, cette Vierge, ils la trouvent char-
mante, ils l'achètent pour eux ou pour les pauvres de leur
quartier, car ils sont bien pensants ! Mais les pauvres sont
si près de Dieu qu'ils sont bien loin d'eux, qu'ils ne
comprennent rien et continuent à souffrir !

*La Foi qui renaît, rejettera toutes ces horreurs, puisera
donc sa force dans la puissante logique des écrits passés,
se retrempera à la contemplation des admirables créations
des époques saintes ; et cette saine et riche nourriture, alors
fera germer de façon nouvelle nos cerveaux rajeunis par
la libre controverse du siècle passé.*

Desvallières (*Réflexions d'un catholique, 1908*).

DES SOURCES D'INSPIRATION

Je voudrais faire comprendre aux jeunes artistes que la vie
n'est vraiment vie, que vécue suivant les règles chrétiennes ;
que la vie n'atteint toute sa passion, toute sa véhémence et
toute sa tendresse que vue au travers des plaies de Notre-
Seigneur Jésus-Christ, que vue au travers du cœur sanglant
de la Vierge percé des sept poignards.

Aussi, dans l'art chrétien, ce n'est pas l'idéalisme que nous
devons chercher ; ce n'est pas la beauté d'abord qui doit nous
hanter ; car si l'un et l'autre sont bien des conséquences de
l'art chrétien, ils ne doivent pas en être le but.

Ce que nous voulons donner, c'est ce que nous sommes : la
vie. *Ego sum vita*, a dit le Christ, que ce soit la devise des

artistes modernes, cela été celle de nos ancêtres du grand XIIIe siècle.

Et que l'on ne nous parle pas de règles religieuses arrêtant les élans de l'artiste ; elles les suscitent. Le dogme chrétien a pour mission la surélévation de toutes nos facultés afin d'arriver à la connaissance de Dieu. Il s'ensuit que ce dogme est l'exaltation même de la vie.

Non l'art chrétien n'est pas mort ; il renaît, car il retourne à la vie.

Desvallières (Art chrétien, Conf. 1912).

NÉCESSITÉ DU GROUPEMENT CORPORATIF

Aujourd'hui, grâce au réveil du sens social, beaucoup ont compris qu'ils doivent faire pénétrer leur catholicisme jusque dans leur art, que, pour être religieuse, une œuvre doit être marquée de certains caractères, reflets d'une certaine vie intime, de convictions et de façons de sentir. Cette notion est à la base nécessaire de la constitution d'une école...

Une partie de l'œuvre de l'école que nous souhaitons serait de ramener l'art à son rôle utile, refaire de l'objet de consommation un produit d'art en formant des artistes qui soient avant tout des artisans, des techniciens plus que des inventeurs ; *redonnons à l'activité artistique son caractère professionnel corporatif en rapprochant dans une collaboration plus intime tous ceux qui travaillent à la fabrication, à la production d'une même forme d'art.*

... Il faut donc revenir à la vraie méthode, constituer une autorité capable de recréer une tradition. En matière d'art, une seule est possible : celle d'un groupement corporatif

— 54 —

appuyé sur une forte doctrine, disons mieux, sur une foi
religieuse profonde. Seule une foi religieuse peut imposer le
respect de l'autorité nécessaire.

Il nous faut faire dans les arts plastiques un effort analogue à celui des musiciens catholiques, et d'abord y créer
une véritable école d'art.

Quel sera dans ce mouvement le rôle des fidèles et particulièrement du clergé ? Ce doit être, de l'encourager, de le
répandre, d'en consacrer l'autorité, mais non de vouloir le
diriger au point de vue artistique.

Quoique dans le clergé on ait conservé à un très haut degré
le souci de la culture et qu'on y fasse bien plus de sacrifices
pour elle que le public ne se l'imagine communément, il
n'en est pas moins vrai qu'on y comprend assez mal le rôle
religieux de l'art. Au fond, on se le représente comme une
sorte de friandise qui attire les fidèles, qui corse le programme. Nous ne comprenons pas assez que nous avons là
le plus puissant des moyens naturels de communion. L'art
catholique est non seulement un admirable instrument
d'ascétique, c'est encore un moyen d'apostolat social.

Art et religion se prêtent un mutuel appui. Ils ne sont
jamais plus grands qu'unis.

Sans art, le sentiment religieux tend au jansénisme, au
protestantisme, au rationalisme. Sans religion, l'art cesse
d'être un moyen de communion entre les hommes pour
tendre au simple divertissement, à la virtuosité.

(Imagerie religieuse et art populaire,
Abbé Marraud, 1913.)

ESPRIT DANS LEQUEL L'ARTISTE
DOIT TRAVAILLER POUR L'ÉGLISE

Servire Deo regnare est. De la beauté, plus de beauté encore, non pas une beauté tout humaine et par là même éphémère, mais une beauté qui fleurira en prière, en chants, une beauté divine et par là même éternelle. Aujourd'hui chacun, revenu de dangereuses illusions, conçoit mieux la grandeur de servir et cherche passionnément à mieux servir Dieu comme à mieux servir la patrie...

Quand donc la plus ordinaire des actions humaines mérite-t-elle une récompense infinie ? C'est quand le chrétien la fait pour Dieu, en s'oubliant soi-même. Au même prix, une œuvre d'art, si humble soit-elle, est à sa place près de l'autel du Dieu vivant.

Suffira-t-il donc à l'artiste ou à l'artisan d'être croyant, de se mettre à genoux, puis de composer, de dessiner, de broder, de sculpter en suivant les règles liturgiques, pour être assuré d'exécuter une œuvre d'art liturgique ? Certes non ! un mensonge peut être excusable ; même pieux, il ne parviendra jamais à plaire à Dieu. Laide, une œuvre ne pourra jamais prétendre, même pensée ou exécutée par un croyant, à être artistique ; mais si un artisan possédant bien son métier ou un artiste véritable veut, se conformant aux règles liturgiques, travailler avant tout pour le service de la liturgie, j'estime que son œuvre soutiendra et enhardira l'élan de notre piété, bien loin de lui casser les ailes, et qu'elle régnera dans la plus pure gloire qu'un artiste puisse ambitionner.

(R. P. Louis, O. P.,
Le service de l'Art liturgique, 5 juin 1917.)

CORRESPONDANCE

la suite de la publication du numéro de *la Vie* et *les Arts liturgiques* du 25 octobre 1918, consacré à notre mouvement de « l'Arche » nous avons reçu une assez volumineuse correspondance où critiques et éloges se rencontraient de façon parfois tumultueuse et contradictoire, nous donnant une fois de plus l'impression certaine que notre navire flottait sur une mer vivante et réelle, avec ses accalmies, sa brise et ses lames de fond. Jusqu'alors notre navire résiste bien. De précieux encouragements, mieux ; des commandes nombreuses nous sont venues et comme il nous est impossible de remercier individuellement tous nos correspondants, qu'ils veuillent bien trouver ici l'expression de toute notre reconnaissance. Si nous avons eu la pénible surprise de voir se fermer devant nous certaines portes, si parfois nous avons été condamnés sans jugement, nous pouvons dire que, de l'ensemble de notre correspondance, se dégage un grand espoir de renaissance d'art catholique, grâce à la bonne volonté d'un clergé beaucoup plus éclairé qu'on veut bien le dire généralement, grâce aussi aux personnalités généreuses qui, se voilant dans un anonymat que nous devons respecter, nous ont apporté dès l'origine de notre mouvement l'appui moral et matériel de leur haute influence.

Et d'abord qu'il nous soit permis de remercier tout particulièrement Sa Grandeur Monseigneur l'Evêque de Périgueux qui, après une longue et intéressante correspondance avec le président de sa commission diocésaine : M. le chanoine Roux, a bien voulu nous envoyer la lettre suivante adressée à notre dévouée secrétaire Mademoiselle Val. Reyre :

Mademoiselle,

On me remet votre lettre du 7 février par laquelle vous me demandez de bénir votre groupe de travail « l'Arche ».

Après avoir lu avec le plus grand intérêt tout ce que dit de votre groupe naissant le nº d'octobre de la Vie et les Arts liturgiques, je réponds bien volontiers à votre demande.

Groupement, travail, art et Foi, voilà quatres mots dont l'assemblage doit donner le merveilleux résultats !

Vous avez la noble ambition de mettre tous vos efforts au service de la liturgie, c'est-à-dire du culte divin, de nous « faire prier dans le beau » de remplacer « l'objet religieux » par « l'objet d'art ». Vous aurez à lutter, pour y arriver contre bien des habitudes, contre bien du mauvais goût. Puissiez-vous, par votre persévérance, avec la bénédiction divine, atteindre votre but.

Veuillez agréer, Mademoiselle, mes vœux les plus sympathiques pour votre entreprise et tous ceux qui s'y donnent.

MAURICE
Evéque de Périgueux.

Nous ne pouvons résister au plaisir de publier ensuite une bien petite partie de l'intéressante correspondance suivante, qui marque, dans le clergé éclairé, la volonté de lutter contre le mauvais goût (non spécial au clergé, mais qui choque davantage dans nos églises) et le désir très sincère d'aider les artistes catholiques quand ceux-ci consentent à entrer dans les voies de réalisation artisane.

Après nous avoir conseillé « d'exclure tout ce qui est de
mauvais goût de l'Eglise » ce qui n'est que l'action négative,
une éminente personnalité catholique nous donne des directions que nous recueillons avec joie :

« Oui ! l'artiste doit être libre d'œuvrer comme il sent, comme
« il voit, pourvu qu'il se soumette simplement aux règles du
« culte et qu'il soit inspiré par la foi. Je suis tellement de cet avis
« que c'est ce sentiment exprimé très nettement qui a choqué *les*
« *archéologues de notre Commission* et qui est cause du retard que
« ce règlement subit. Vous prêchez donc un converti... »

Suit un jugement sévère, mais... juste

« Vous ne vous imaginez pas (Hélas ! nous ne faisons pas que
« nous l'imaginer)(1) la répulsion quasi instinctive que le milieu
ecclésiastique (et les milieux industriels, commerçants et
autres ! !) éprouvé devant tout effort artistique fait pour sortir
« de la routine.

« Nous éprouvons, nous, une vraie satisfaction, à constater
« cet effort chez un artiste, nous y voyons le travail personnel.
« Cet effort *peut ne pas nous plaire, comme résultat,* mais nous
« aimons, nous estimons cet apport personnel. »

Puisse cette voix être entendue de certains ecclésiastiques
éminents.

« Eh ! bien je ne crois pas exagéré en disant que le sentiment
« contraire existe dans le monde ecclésiastique ordinaire. (Nous
en avons eu heureusement de nombreuses preuves, particulièrement dans le clergé de Normandie). Et c'est cette constatation
« qui me fait concevoir une première étape dans le trajet à par-
« courir. »

Nous prions nos amis archéologues d'omettre la lecture
de ce qui suit.

« Ne croyez pas cependant que je brode volontiers sur l'in-

(1) C'est nous qui soulignons les passages typiques de cette intéressante
missive.

« compétence du clergé au point de vue artistique. *Il a de bien*
« *grandes excuses*. D'abord on lui a enseigné l'art uniquement
« *par l'archéologie* (souligné par l'auteur de la lettre) et on lui a
« bourré le crâne en lui disant que l'art chrétien avait eu son
« siècle d'or après lequel il ne peut plus y avoir d'art que si on
« imite ce passé (mais là encore nos archaïsants ne s'entendent
pas, les uns tiennent pour le VIIIᵉ siècle, d'autres pour le XIIᵉ, de
nombreux pour le XIIIᵉ siècle, quelques-uns pour le XVIIᵉ). « Il
« tire, en bon logicien la conclusion. »

« Ensuite la question « finances » (et là nous touchons du doigt
l'importance du Pouvoir qu'il y a intérêt à conquérir et du
Mécennat qui implique une aristocratie, ce mot pris dans son
véritable sens : le gouvernement des meilleurs), est une excuse
« formidable pour la routine ecclésiastique. L'art ne pourra pro-
« gresser à l'Eglise que lorsqu'il n'y aura plus un gros écart entre
« lui et le bric à brac. Certains prêtres ont du goût, mais ils sont
« trop désargentés. »

Là encore nous sentons l'importance de l'organisation
matérielle, qui explique non pas tout, mais une partie impor-
tante, sinon égale, des grandes œuvres ecclésiastiques du
moyen-âge. Cette organisation matérielle il nous la faut
préparer et notre groupement de travail « l'Arche » n'en est
qu'un premier essai.

D'un moine bénédictin français, grand constructeur de
couvents et aujourd'hui en Hollande, nous recevons ces
mots précieux d'encouragement :

« Tout ce que vous dites (dans le numéro de l'Arche) me plaît
« beaucoup et réalise un rêve que je croyais devoir rester sans
« baptême. Savoir que tout un groupe se trace comme programme
« de réfléchir, veut pour parler de Dieu par son art, vivre le plus
« près de Dieu possible — veut ne pas se contenter de *suivre son*
« *instinct* — mais désire se soumettre à un principe — compre-
« nant que du principe découle l'ordre et le moyen d'agir — tout
« cela est tout nouveau mais infiniment sage. »

« Nous avons ici plusieurs peintres hollandais, moines dont un
« surtout a du talent et que votre programme a beaucoup inté-
« ressé. D'accord avec lui je trouve que le silence, la réflexion,
« l'humilité sont les meilleurs moyens de formation artistique —
« le monastère nous a permis de réaliser de réels progrès — car
« avant de construire il faut « *se construire* ». Ce n'est qu'ainsi
« que l'on peut dominer et diriger son œuvre et *ne pas se laisser*
« *mener par elle.* »

« S'il existe tant d'œuvres sans caractère, c'est qu'elles sont
« nées d'un zèle qui n'était pas selon la science mais beaucoup
« plus du sentiment que de l'intelligence, or *le sentiment laissé à*
« *lui-même* n'a jamais rien *produit de satisfaisant.* »

Et dans une autre lettre toute aussi belle du même cor-
respondant nous lisons ceci à notre adresse et à l'adresse de
nos jeunes camarades des Beaux-Arts (dont est sorti ce
moine) :

« À l'Ecole (l'Ecole des Beaux-Arts) on crayonne beaucoup trop
« et *on ne réfléchit pas assez. — C'est avec la pointe de l'Esprit et*
« *du compas* qu'il faut, composer, et non pas au milieu des joyeux
« propos et de la fumée des cigarettes. Je parle avec la conviction
« d'un converti. »

Nous terminerons par ce bon conseil cette revue de notre
correspondance, car elle nous ramène aux sentiments d'humilité qui conviennent à nos aspirations. Avant de vouloir
réformer nos contemporains nous savons tout ce qui nous
manque. — A ce propos, nous devons un remercîment très
vif à Monsieur l'abbé Bayard qui a bien voulu nous adresser
dans un numéro de la *Vie et les Arts liturgiques* des
reproches d'ordre liturgique qui nous prouve qu'il a examiné
avec grande attention et bienveillance nos croquis et projets.
Puissions-nous rencontrer souvent des critiques autorisés
comme lui, c'est à eux que nous devrons nos progrès. Le seul
regret que nous exprimons ici c'est de constater la diversité

d'opinions parmi les « liturgistes ». Un congrès de ces savants théologiens nous paraît indispensable, car aucun d'eux ne semble d'accord sur les points essentiels. Rien que sur la question des autels il y a désaccord absolu entre les tenants de l'autel-table et de l'autel-tombeau. Certains concilient les deux points de vue et alors libre à l'artiste de choisir ; d'autres sont intransigeants. Nous serions heureux de provoquer sur ce point une discussion d'où sortirait, espérons-le du moins, un peu de lumière.

Quoiqu'il en soit notre correspondance avec d'éminents ecclésiastiques nous a été précieuse, elle révèle un vif intérêt dans le clergé pour tout essai de rénovation artistique, elle ruine l'idée des incroyants ou des ennemis de l'Eglise, qui prétendent que l'inertie artistique est la conséquence de sa fixité dogmatique ; c'est au contraire la force de notre sainte Eglise que de conserver dans le désordre de la pensée contemporaine la fixité que donne la Vérité enseignée par le Christ toujours vivant parmi nous.

L'ARCHE
GROUPEMENT CATHOLIQUE DE TRAVAIL

Art. 1er. — L'Arche groupe des artistes, artisans, industriels catholiques ayant des idées esthétiques, communes ou voisines dans le but d'exécuter des œuvres collectives où chacun apportera sa collaboration en vue de l'ensemble et dans un véritable esprit chrétien d'humilité.

Art. 2. — Le groupement a son siège social et son secrétariat, 202, Boulevard Saint-Germain, Paris, VIIe.

COMPOSITION DU GROUPEMENT

Art. 3. — Le groupement se compose essentiellement :
1º Des membres conseillers ;

2° Des membres fondateurs.

1° Les *Conseillers* sont nos maîtres religieux ou laïques, ceux auxquels nous demanderons l'enseignement moral, doctrinal et technique. Sans avoir à se mêler du fonctionnement matériel du groupement, ils n'en constitueront pas moins l'élément directeur.

2° Les *Membres fondateurs* constituent le noyau principal de l'ARCHE. En dehors des initiateurs ils se recruteront parmi les artistes, artisans et industriels adhérents, catholiques qui auront été employés, en qualité de collaborateurs occasionnels.

Art. 4. — Le groupement sera complété par :
1° Les membres honoraires ou correspondants ;
2° Les membres adhérents.

1° Les *membres honoraires* ou correspondants sont ceux qui ne pouvant faire professionnellement partie du groupement, s'intéressent cependant aux idées qu'il propage et veulent l'y aider moralement ou matériellement.

2° Les *membres adhérents* ou collaborateurs occasionnels sont ceux qui, adhérant aux idées de l'ARCHE, désirent participer aux travaux du Groupement. C'est parmi eux que se recruteront les collaborateurs occasionnels et, après expérience, les Fondateurs.

Les adhérents pourront se recruter même parmi des incroyants.

ADMINISTRATION

Art. 5. — Le Groupement sera dirigé par une délégation des membres fondateurs formant le conseil de l'ARCHE.

ART. 6. — L'ARCHE aura un *directeur* élu annuellement
par les fondateurs. Il sera en même temps président du
Conseil. Son mandat sera renouvelable.

Un secrétaire et un trésorier seront également désignés
annuellement, leur mandat sera renouvelable.

ART. 7. — Le Conseil se réunit au début de chaque mois
au siège social ou en un lieu désigné à la réunion précédente
et aussitôt après la messe de Communion qui réunira tous
les]membres du Groupement (fondateurs, conseillers, membres honoraires, collaborateurs occasionnels).

ART. 8. — Il pourra y avoir, en dehors de ces réunions
mensuelles, d'autres réunions si le besoin]s'en fait sentir.

ART. 9. — Il est tenu procès-verbal des séances. Les pro-
cès-verbaux sont signés du Président de séance et du Secrétaire.

ART. 10. — Le Trésorier représente le Groupement en
Justice et dans tous les actes de la vie civile. Il rend compte
de sa gestion chaque année.

ART. 11. — Les fonctions du Groupement sont gratuites.

ASSEMBLÉE GÉNÉRALE

ART. 12. — Il y aura chaque année, en la fête patronale
du Groupement (c'est-à-dire le 29 juin, fêtes de Saint-Pierre
et Saint-Paul), une fête religieuse, suivie de l'Assemblée
générale, où sera lu un rapport donnant une idée de l'activité annuelle du Groupement ; faisant appel aux bonnes
volontés, propageant les doctrines de l'ARCHE. Le Trésorier
lira le compte-rendu financier.

FONCTIONNEMENT ET RESSOURCES

Art. 13. — Le conseil acceptera les travaux offerts et réglera entre les membres de l'Arche la répartition de ces travaux, l'acceptation de tel ou tel collaborateur, etc.

Une fois un chantier constitué, *le chef de chantier* sera pleinement indépendant et le Conseil n'aura pas à se mêler de la direction du travail. Il sera cependant de bonne confraternité, une fois le travail étudié, de faire appel aux critiques des conseillers et des fondateurs ne prenant pas part au travail. Une fois ce travail commencé, aucun membre conseiller ou fondateur ne pourra se mêler de la direction du chantier qui ne doit avoir qu'un chef.

Art. 14. — Les membres de l'Arche verseront une cotisation annuelle :

1° Les fondateurs, de 2 francs avec facilité de rachat moyennant une somme de 200 francs.

2° Les adhérents, de 1 franc avec facilité de rachat moyennant une somme de 100 francs.

Art. 15. — Il n'est demandé aucune cotisation aux membres honoraires ou correspondants non plus qu'aux membres conseillers, mais l'Arche compte sur eux pour lui apporter des commandes et faire connaître ses œuvres.

Art. 16. — Les fonds disponibles, une fois déduites les dépenses du secrétariat et les frais d'un bulletin propageant les idées du Groupement, seront placés en fonds d'État (Rentes, Bons de la Défense, etc.).

Art. 17. — Toute somme versée au Groupement à un titre quelconque lui est définitivement acquise.

Art. 18. — Tout membre de l'Arche à un titre quelconque peut cesser de faire partie du groupement :
Soit : 1° par démission ;
Soit : 2° A la suite de motifs graves et par décision du Conseil des fondateurs en présence de l'intéressé.

REVISION DES STATUTS
DISSOLUTION DU GROUPEMENT

Art. 20. — Les présents statuts ne pourront être modifiés que sur la proposition des fondateurs et à l'unanimité.

Art. 21. — En cas de dissolution, l'actif du Groupement sera attribué à la société de saint Jean, ou à une autre société d'artistes catholiques désignée par les Fondateurs.

Les présents statuts ont été établis, puis adoptés à l'unanimité en réunion du conseil des fondateurs.

Paris, le 24 février 1919.

Le Directeur de l'Arche,

M. STOREZ.

Architecte D. P. L. G.

« PIETA » EN BOIS PEINT POUR UN MONUMENT AUX MORTS
DE LA GUERRE

PROJET · PRIME · AV · CONCOVRS · D'ART · LITVRGIQVE · 1916 ·

LA CHAPELLE DE L'ECOLE DES ROCHES

ECOLE DES ROCHES

GRILLE DU PORCHE DE LA CHAPELLE
ÉCOLE DES ROCHES

JESVS EST CONDAMNE A MORT

STATION DE CHEMIN DE CROIX (GRAVÉ SVR LE MVR DE l'ÉGLISE)

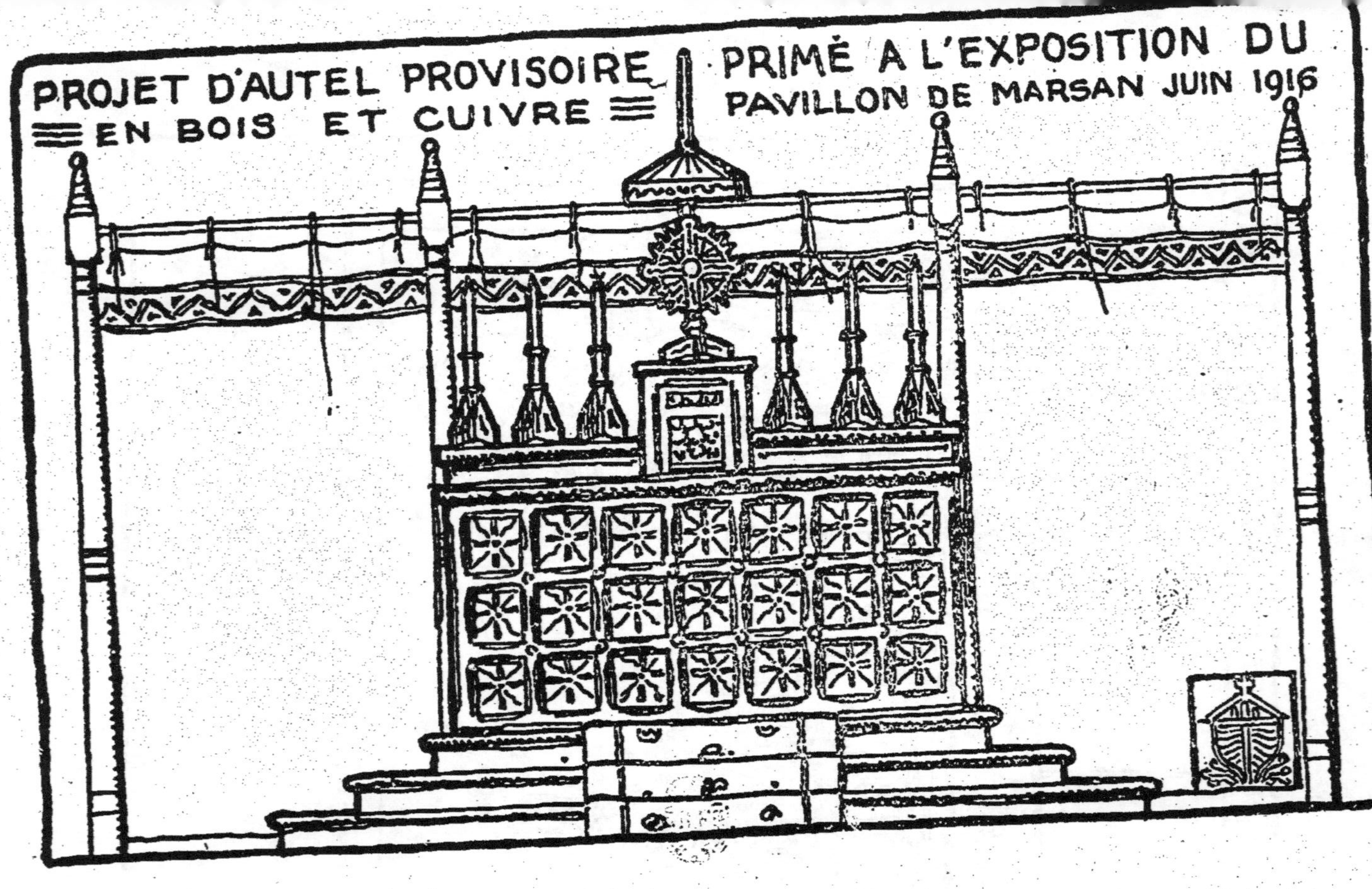

PROJET D'AUTEL PROVISOIRE
EN BOIS ET CUIVRE
PRIMÉ A L'EXPOSITION DU
PAVILLON DE MARSAN JUIN 1916

AUTEL SECONDAIRE

CRUCIFIX D'AUTEL EN BOIS SCULPTÉ
CHANDELIERS EN BOIS TOURNÉ.

REGINA
SACRA-
TISSIMI
ROSARII
ORA
PRO
NOBIS
BANNIÈRE   DE CONFRÉRIE.
PERSONNAGES EN APPLICATIONS DE SOIES RE-
BRODÉES SUR FOND DE VELOURS.
PROJET PRIMÉ AU CONCOVRS D'ART LITVRGIQVE. JVIN 1917.

Reine
du très
S Rosaire
priez
pour nous
BANNIÈRE
CONFRÉRIE DU
POUR UNE
ROSAIRE
PRIMÉE AV CONCOVRS D'ART LITVRGIQVE_1917

PROJET DE MITRE EPISCOPALE. SOIE BLAN-
CHE. ENTIEREMENT REBRODEE D'OR POUR LE.
BANDEAU _ SAINT-ESPRIT ENTOURE DE FLAMMES.

TVNIQVE DE DIACRE BLAN-
CHE CHAPE VERTE.

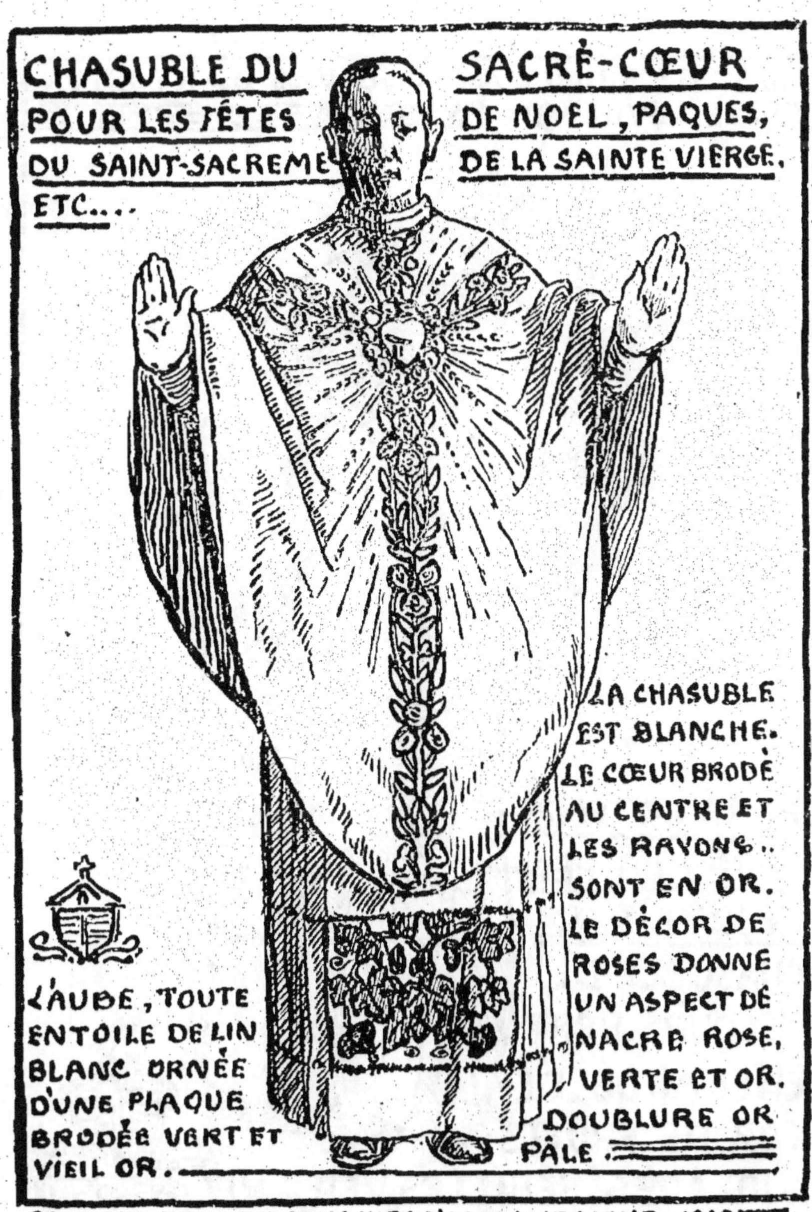

PREMIER PRIX DU CONCOURS D'ART LITURGIQUE _ 1918

CHASVBLE PRIMEE AV CONCOVRS D'ART LITVR-
GIQVE - JVIN 1916
POUR LE TEMPS
APRÈS LA PEN-
TECÔTE
CHASUBLE DE
VELOURS VERT
ÉMERAUDE - DÉ-
COR DE FRUITS
VIOLACÉS, FEUILLES VERT VIF

POVR LES TEMPS DE PÉNITENCE,
AVENT ET CARÊME
CHASVBLE
VIOLETTE
DOVBLÉE
D'ORANGÉ.
DÉCOR DE
CHARDONS
GRIS ARGENT
SUR FOND
BLEU INTEN
SE
AVBE DECORÉE D'VNE BANDE EN BRODERIE BLANCHE

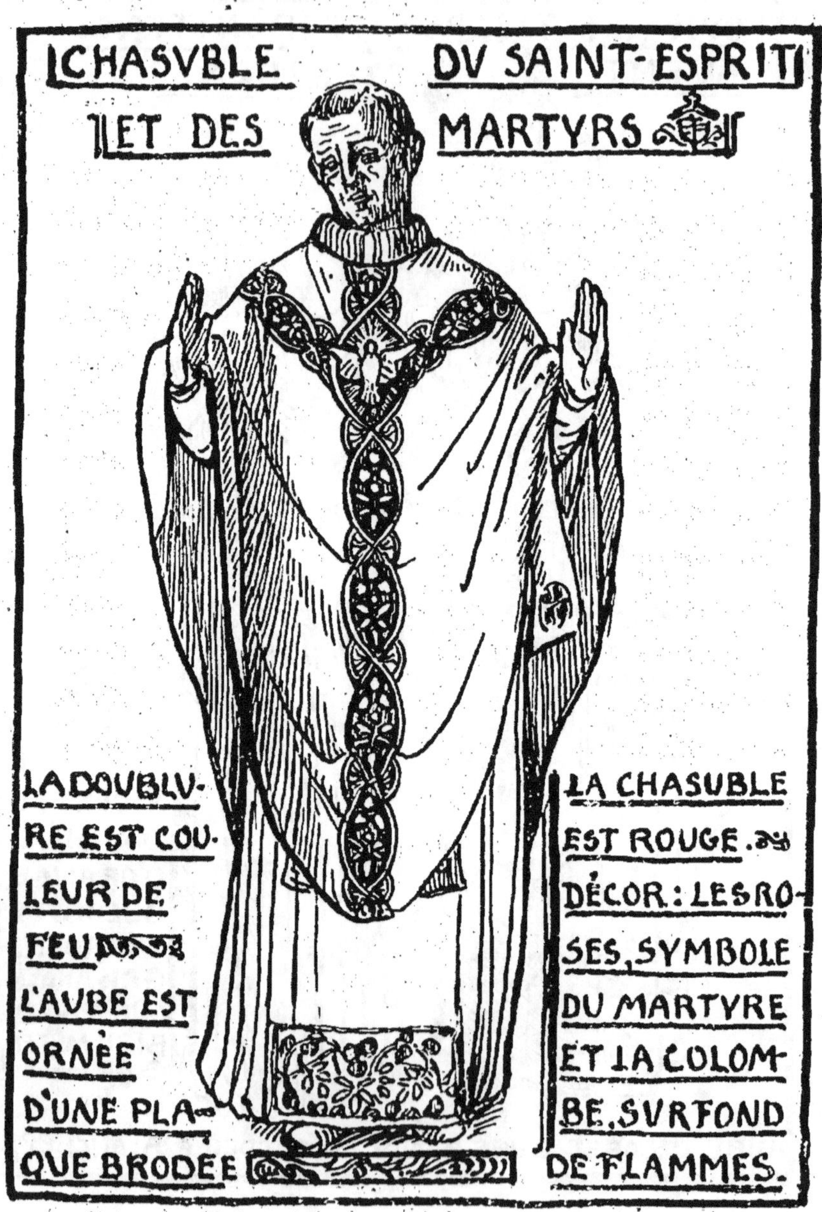

CHASVBLE   DV SAINT-ESPRIT
ET DES   MARTYRS
LA DOUBLV-
RE EST COU-
LEUR DE
FEU
L'AVBE EST
ORNÈE
D'UNE PLA-
QUE BRODEE
LA CHASUBLE
EST ROUGE.
DÉCOR : LES RO-
SES, SYMBOLE
DU MARTYRE
ET LA COLOM-
BE, SVR FOND
DE FLAMMES.

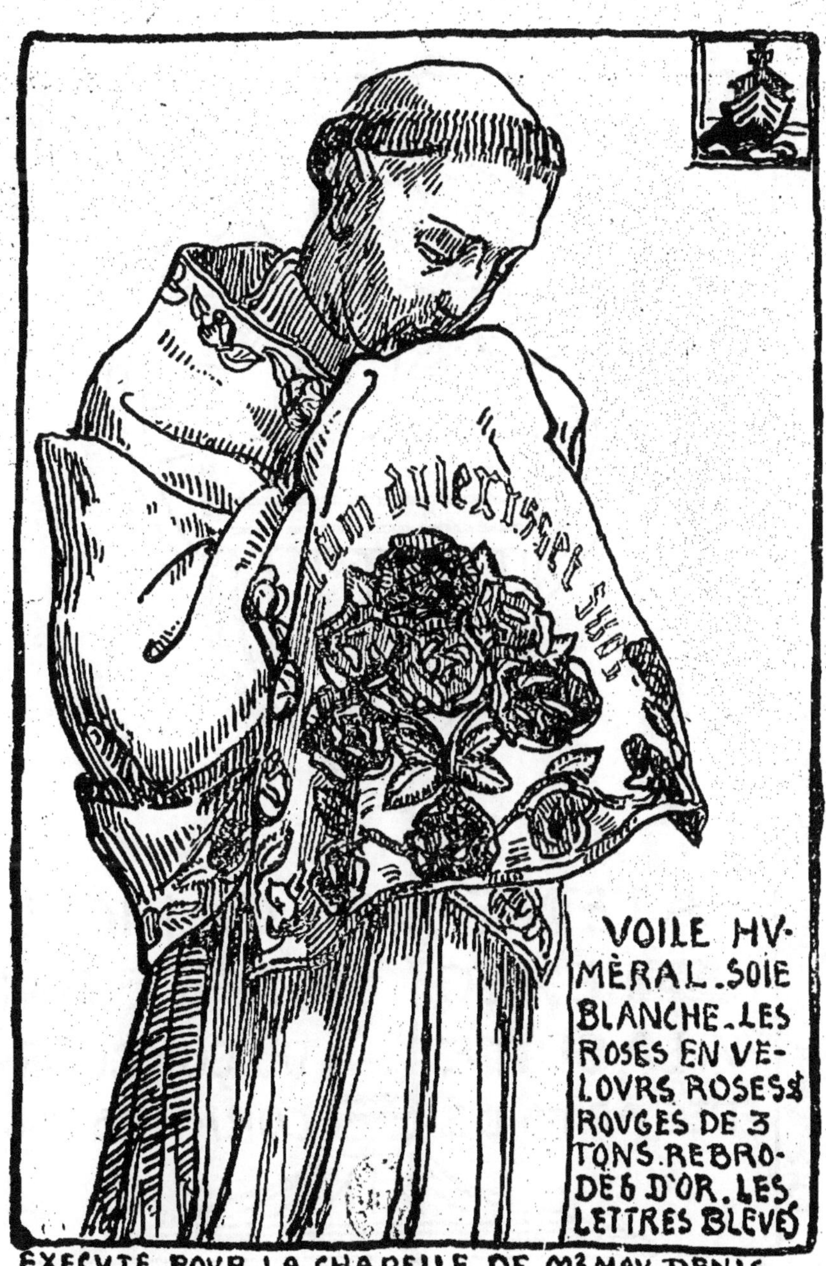
VOILE HV-
MÈRAL. SOIE
BLANCHE. LES
ROSES EN VE-
LOVRS ROSES &
ROVGES DE 3
TONS. REBRO-
DÉS D'OR. LES
LETTRES BLEVES
EXECVTÉ POVR LA CHAPELLE DE M. MAV. DENIS —

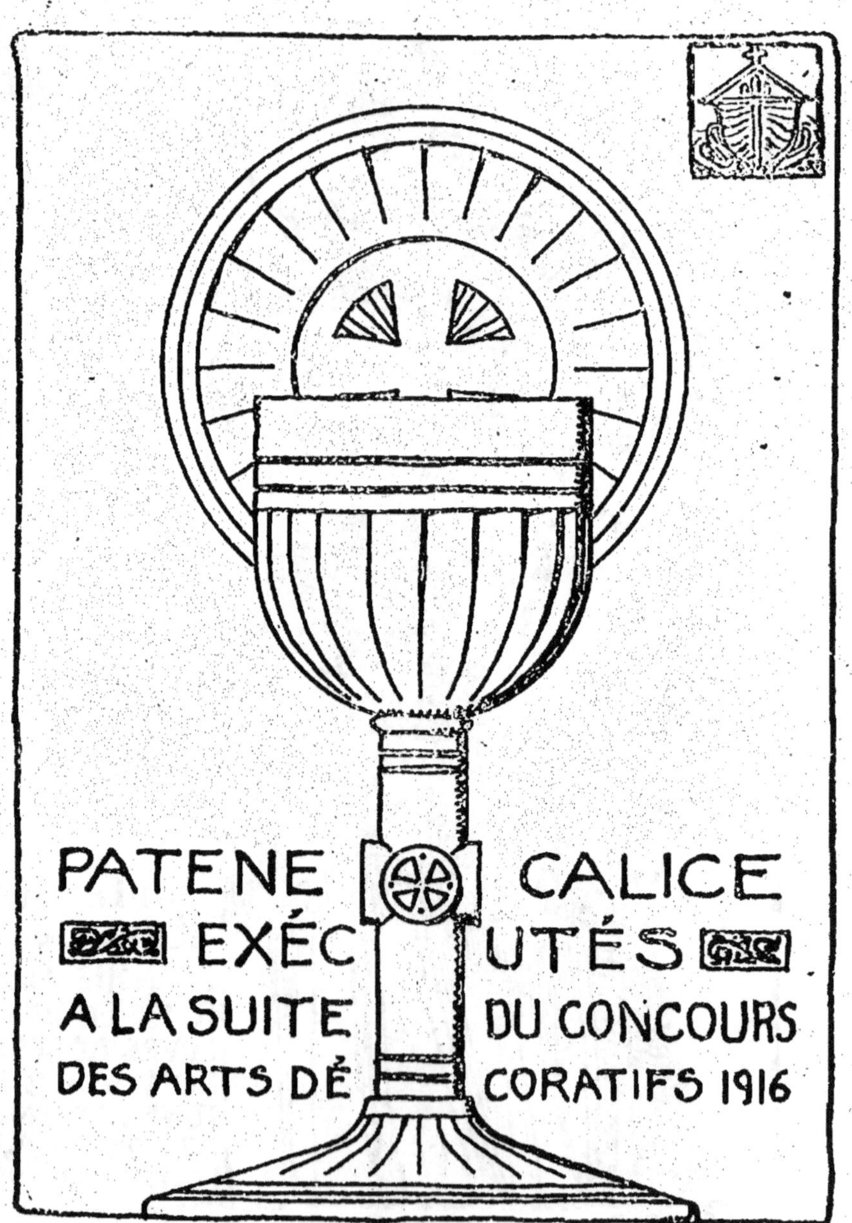

PATENE CALICE
EXÉCUTÉS
A LA SUITE DU CONCOURS
DES ARTS DÉCORATIFS 1916

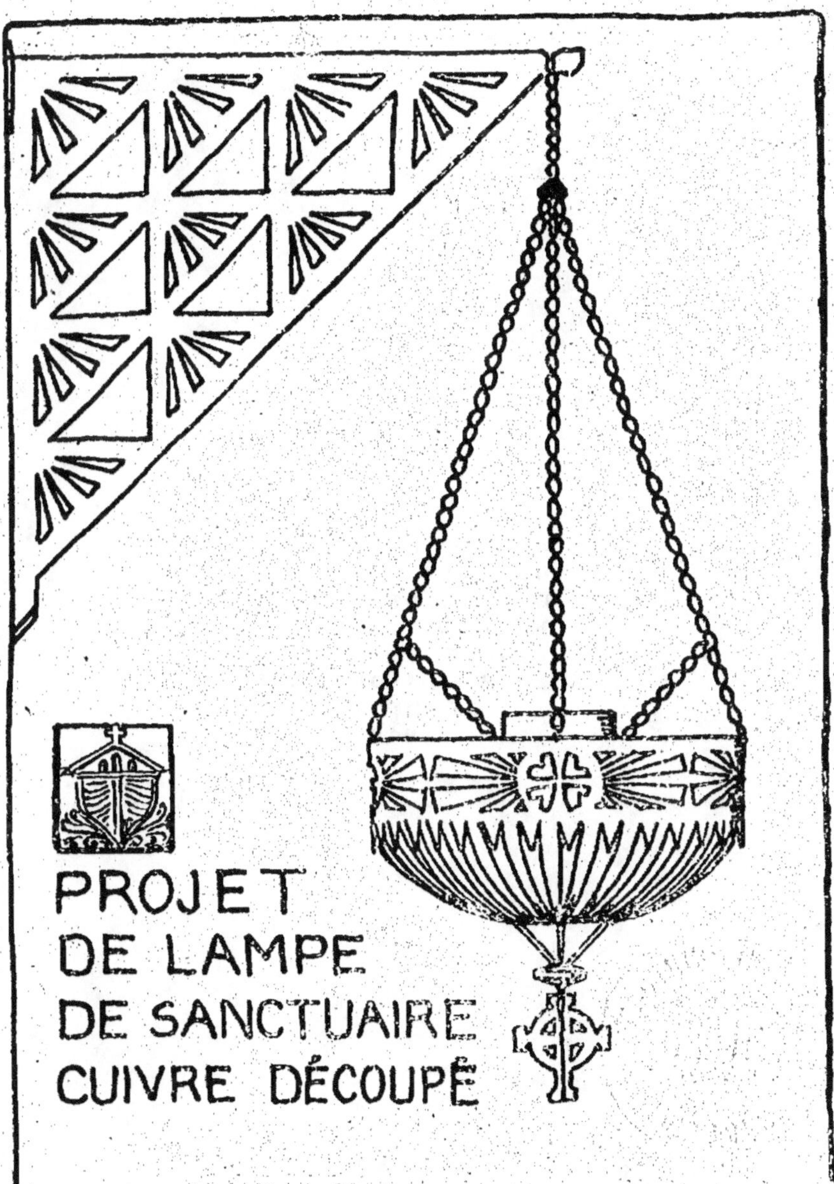

PROJET
DE LAMPE
DE SANCTUAIRE
CUIVRE DÉCOUPÉ

ACHEVÉ D'IMPRIMER
SUR LES PRESSES
DE
HENRI TURGIS
VERNEUIL (EURE)
LE 2 MAI DE L'AN
DE GRACE
1919

www.ingramcontent.com/pod-product-compliance
Lightning Source LLC
Chambersburg PA
CBHW071323030726
47594CB00002B/515